PONS

Lektüre in Bildern

DEUTSCH ALS FREMDSPRACHE

Träume in Berlin

20 landestypische Kurzgeschichten
zum Deutschlernen

von
Ann Natalie Schmid
und
Jan Szurmant

PONS GmbH
Stuttgart

PONS

Lektüre in Bildern
DEUTSCH ALS FREMDSPRACHE

Träume in Berlin

20 landestypische Kurzgeschichten
zum Deutschlernen

von
Ann Natalie Schmid (Geschichten 11, 13, 15 - 17)
und
Jan Szurmant (Geschichten: 1 - 10, 12, 14, 18 - 20)

Alle Personen und Handlungen sind erfunden. Ähnlichkeiten mit lebenden oder verstorbenen Personen und tatsächlichen Begebenheiten wären rein zufällig.

3. Auflage 2020

Projektleitung: Canan Eulenberger-Özdamar
Redaktion: Leoni Röhr
Bildredaktion: Canan Eulenberger-Özdamar
Logoentwurf: Erwin Poell, Heidelberg
Logoüberarbeitung: Sabine Redlin, Ludwigsburg
Titelfotos: iStockphoto/bluejayohoto (Berlin), iStockphoto/MenagerieCreative (Autoscooter), iStockphoto/querbeet (Fachwerkhäuser), Shutterstock/Frank Gaertner (Kehrwoche), Shutterstock/Maria Sbytova (Gebäck), Shutterstock/ Zirven (Illustrationen)
Einbandgestaltung: Anne Helbich, Stuttgart
Layout: PONS GmbH Stuttgart
Satz: tebitron gmbh, Gerlingen
Druck und Bindung: Multiprint GmbH

ISBN: 978-3-12-562103-9

EINIGE WORTE ZU DIESEM BUCH

Sie lesen gerne Kurzgeschichten und möchten etwas für Ihr Deutsch tun?
Dann halten Sie das richtige Buch in der Hand! Mit 20 mal witzigen, mal spannenden, aber niemals langweiligen Kurzgeschichten lernen Sie einiges über das Leben in Deutschland, Österreich, der Schweiz und Liechtenstein und verbessern außerdem Ihre Deutschkenntnisse!

Nicht nur lesen, sondern auch sehen!
Wenn Sie eine Fremdsprache verstehen und sprechen wollen, müssen Sie viele, viele Wörter lernen. Aber wenn Wörter auch noch illustriert werden, geht das Lernen gleich viel leichter. Die Bilder in diesem Buch zeigen viele Sehenswürdigkeiten, typisch deutsche Gerichte und jede Menge Gegenstände aus dem täglichen Leben. Auf jeder Seite sind schwierige Wörter farbig markiert und werden in einer Vokabelbox oder mit einem Bild erklärt.

Lassen Sie sich inspirieren
Nach manchen Geschichten finden Sie zwei Seiten mit vielen weiteren Informationen und einem Extra an neuen Wörtern.
Erfahren Sie mehr über Land & Leute, besondere Orte und Traditionen.

Bevor es losgeht, lernen Sie auf den nächsten Seiten die Autoren dieses Buches kennen. Auf einer Karte sehen Sie außerdem, wo die einzelnen Geschichten spielen.

Viel Spaß beim Lesen wünscht Ihre PONS-Redaktion!

DIE AUTOREN

Ann Natalie Schmid wurde in London geboren. Später ist sie nach Baden-Württemberg gezogen, wo sie heute noch lebt. Schon als Kind fand sie Bücher toll. Nach der Schule studierte sie aber erst Geologie und leitete dann ein kleines Fossilien- und Mineralienmuseum. Später wechselte sie den Beruf und wurde Redakteurin. Dabei arbeitete sie auch an einem Fachlexikon und einigen Jugendbüchern, um nur zwei Beispiele zu nennen. Nach einigen Aus- und Weiterbildungen gibt sie heute vor allem Text-Seminare und schreibt gerne Geschichten.

Jan Szurmant wurde in Wiesbaden geboren, wo er seine ganze Kindheit verbrachte. Seit 2006 lebt er im polnischen Krakau. Hier arbeitet er als Deutschlehrer und Schulungsleiter, als Trainer für Deutschlehrer, als Autor von DaF-Lehrbüchern und Reiseführern zu Krakau und Warschau, außerdem als Sprecher für Lehrbücher und Audioguides. Beruflich und privat reist er oft, egal ob ans Meer, aufs Land oder in große Städte, am liebsten mit der Bahn. Immer dabei: Fotoapparat und Notizblock. Wann immer es geht, fährt er in die nahe Tatra zum Wandern. Oder ins Stadion seines Lieblings-Fußballclubs Eintracht Frankfurt, um den es in einer der folgenden Geschichten geht. Die Arbeit an diesem Buch war für ihn auch eine gute Möglichkeit, endlich mal wieder durch die deutschsprachigen Länder zu reisen.

SCHAUPLÄTZE DER GESCHICHTEN

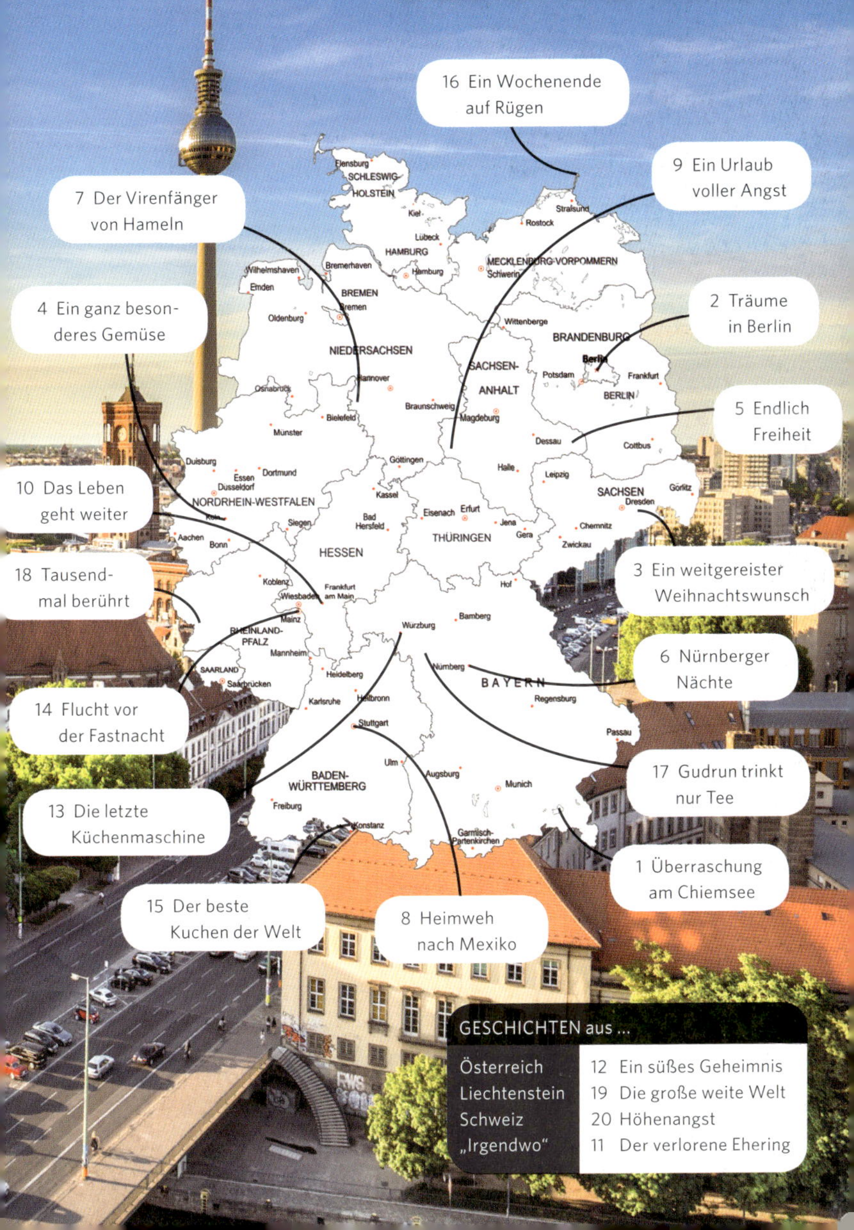

BILDNACHWEIS

28, 29 iStockphoto (querbeet), Calgary, Alberta; **124,** 128.1 Shutterstock (Michal Stipek), New York; **32,** 33.1 iStockphoto (horstgerlach), Calgary, Alberta; **106,** 107.1 Fotolia (Manuel Schönfeld), New York; **7,** 24 Fotolia (by-studio), New York; **1,16** Shutterstock (Lepneva Irina), New York; **8** iStockphoto (Milkos), Calgary, Alberta; **9.1** Shutterstock (Sergey Dzyuba), New York; **9.2** iStockphoto (mediaphotos), Calgary, Alberta; **10.1** Shutterstock (alpinenature), New York; **60,** 61 iStockphoto (LianeM), Calgary, Alberta; **10.2** Thinkstock (marekuliasz), München; **22,** 23.1 Fotolia (Sliver), New York; **3,** 56, 57.1 Shutterstock (tichr), New York; **11.1** iStockphoto (altmodern), Calgary, Alberta; **11.2** Thinkstock (Jupiterimages), München; **12.1** Shutterstock (koosen), New York; **12.2** Shutterstock (Africa Studio), New York; **12.3** Shutterstock (Dainis Derics), New York; **13.1** Shutterstock (artjazz), New York; **13.2** iStockphoto (fotofritz16), Calgary, Alberta; **14** iStockphoto (svetikd), Calgary, Alberta; **15** Shutterstock (Jacob Lund), New York; **17** Shutterstock (Roman Stetsyk), New York; **18.1** iStockphoto (TommL), Calgary, Alberta; **18.2** iStockphoto (tupungato), Calgary, Alberta; **18.3** iStockphoto (Nikada), Calgary, Alberta; **19.1** Shutterstock (RobertKuehne), New York; **19.2** Shutterstock (Axel Bueckert), New York; **20** iStockphoto (tatyana_tomsickova), Calgary, Alberta; **21** Shutterstock (Boris Sosnovyy), New York; **22.2** Shutterstock (imagedb.com), New York; **23.2** Shutterstock (Zerbor), New York; **24.1** Shutterstock (Shpak Anton), New York; **25** Shutterstock (kryzhov), New York; **26** iStockphoto (querbeet), Calgary, Alberta; **27** Shutterstock (Yury Dmitrienko), New York; **30.1** Shutterstock (Preto Perola), New York; **30.2** Shutterstock (Alizada Studios), New York; **30.3** iStockphoto (rclassenlayouts), Calgary, Alberta; **31.1** Shutterstock (Luis Carlos Jimenez del rio), New York; **31.2** Shutterstock (Valentyn Volkov), New York; **32.2** Shutterstock (Yulia Reznikov), New York; **32.2** Shutterstock (Nikolai Tsvetkov), New York; **32.3** iStockphoto (cobalt), Calgary, Alberta; **33.2** iStockphoto (Ifness), Calgary, Alberta; **33.3** Shutterstock (Malivan_Iuliia), New York; **33.4** Thinkstock (etiennevoss), München; **34.1** Shutterstock (Alice Kunze), New York; **34.3** iStockphoto (filadendron), Calgary, Alberta; **35.1** Shutterstock (Fotokostic), New York; **35.2** Shutterstock (DN1988), New York; **36** iStockphoto (michaelhoberg), Calgary, Alberta; **37.1** Shutterstock (Dusan Petkovic), New York; **37.1** Shutterstock (M_86), New York; **37.2** Shutterstock (Roncsakj), New York; **37.3** Shutterstock (TwilightArtPictures), New York; **37.4** Shutterstock (Budimir Jevtic), New York; **38.1** iStockphoto (Axel Ellerhorst), Calgary, Alberta; **38.2** Shutterstock (de2marco), New York; **38.3** iStockphoto (Neil_Burton), Calgary, Alberta; **39.1** Shutterstock (photka), New York; **39.2** Shutterstock (DeCe), New York; **39.3** Shutterstock (Hadrian), New York; **40** Shutterstock (manfredxy), New York; **41.1** Shutterstock (TTstudio), New York; **41.2** Fotolia (victoria p.), New York; **42** iStockphoto (selimaksan), Calgary, Alberta; **43** Shutterstock (Photo Melon), New York; **45** iStockphoto (PeopleImages), Calgary, Alberta; **47.1** Shutterstock (Tsuguliev), New York; **47.2** iStockphoto (lechatnoir), Calgary, Alberta; **49.1** Shutterstock (funkyfrogstock), New York; **49.2** iStockphoto (Teefa), Calgary, Alberta; **50** iStockphoto (KittisakJirasittichai), Calgary, Alberta; **51** iStockphoto (zoranm), Calgary, Alberta; **52** Fotolia (crimson), New York; **53.1** Fotolia (photocrew), New York; **53.2** Fotolia (ExQuisine), New York; **54.1** iStockphoto (Evening_T), Calgary, Alberta; **54.2** iStockphoto (fotogaby), Calgary, Alberta; **54.3** Wikimedia Commons (By Stephan Klage (Own work) [CC BY-SA 3.0), San Francisco; **54.4** Shutterstock (Frank Gaertner), New York; **55.1** Shutterstock (Bilanol), New York; **55.2** Shutterstock (LifetimeStock), New York; **56.2** iStockphoto (Mlenny), Calgary, Alberta; **57.2** Shutterstock (Jens Goepfert), New York; **57.3** Shutterstock (aldorado), New York; **57.4** Wikimedia Commons (By Pjt56 (Own work) [CC BY-SA 4.0), San Francisco; **58** Shutterstock (ohenze), New York; **60.1** iStockphoto (AndreasWeber), Calgary, Alberta; **60.2** iStockphoto (3quarks), Calgary, Alberta; **61** .2 Shutterstock (ohenze), New York; **61** Shutterstock (travelpeter), New York; **63** iStockphoto (Ipinchuk), Calgary, Alberta; **64.1** Shutterstock (Paolo Gianti), New York; **64.2** Shutterstock (ninopavisic), New York; **65.1** iStockphoto (RomoloTavani), Calgary, Alberta; **65.2** Shutterstock (Circumnavigation), New York; **65.3** iStockphoto (kontrast-fotodesign), Calgary, Alberta; **66** iStockphoto (Viktor_Gladkov), Calgary, Alberta; **67.1** Shutterstock (Bplanet), New York; **67.2** Shutterstock (MSPT), New York; **68** iStockphoto (suman bhaumik), Calgary, Alberta; **68.1** Shutterstock (daykung), New York; **68.2** iStockphoto (Yuliia Zatula), Calgary, Alberta; **70.1** Shutterstock (Fotokostic), New York; **70.2** Shutterstock (Tamas Panczel - Eross), New York; **70.3** iStockphoto (Lisovskaya), Calgary, Alberta; **71.1** Fotolia (Christian Schwier), New York; **72.1** Shutterstock (GreenArt), New York; **72.2** Shutterstock (Milosz Maslanka), New York; **73.1** Shutterstock (Fotofermer), New York; **73.2** Shutterstock (dencg), New York; **74** Shutterstock (Bascar), New York; **75.1** iStockphoto (Laszlo Szirtesi), Calgary, Alberta; **76.1** Shutterstock (artemiya), New York; **76.2** Shutterstock (Viacheslav Lopatin), New York; **77.1** Shutterstock (koosen), New York; **77.2** Shutterstock (Africa Studio), New York; **78.1** iStockphoto (NordsternStudio), Calgary, Alberta; **78.2** Shutterstock (Steve Cukrov), New York; **78.3** iStockphoto (Sjo), Calgary, Alberta; **80.2** iStockphoto (legna69), Calgary, Alberta; **80.3** iStockphoto (nicoolay), Calgary, Alberta; **80.4** iStockphoto (alxpin), Calgary, Alberta; **81.2** iStockphoto (mbbirdy), Calgary, Alberta; **81.3** iStockphoto (SHansche), Calgary, Alberta; **82.1** Shutterstock (Kitch Bain), New York; **82.2** Fotolia (itestro), New York; **82.3** iStockphoto (baona), Calgary, Alberta; **83.1** iStockphoto (kyoshino), Calgary, Alberta; **84.1** iStockphoto (sack), Calgary, Alberta; **84.2** Wikimedia Commons (Zavijava2), San Francisco; **84.3** Shutterstock (Shirinov), New York; **85.1** iStockphoto (FooTToo), Calgary, Alberta; **85.2** iStockphoto (SergiyN), Calgary, Alberta; **87.1** iStockphoto (Lux_D), Calgary, Alberta; **87.2** iStockphoto (ollo), Calgary, Alberta; **88** Shutterstock (Wor Sang Jun), New York; **89** Shutterstock (Patrick Poendl), New York; **90.1** iStockphoto (AlexLMX), Calgary, Alberta; **90.2** iStockphoto (pixhook), Calgary, Alberta; **90.3** iStockphoto (studiocasper), Calgary, Alberta; **90.4** iStockphoto (CBCK-Christine), Calgary, Alberta; **91.1** Shutterstock (TaTum2003), New York; **91.2** Shutterstock (Bloomicon), New York; **94.1** Shutterstock (varuna), New York; **94.2** Thinkstock (loco75), München; **94.3** iStockphoto (Flavio Vallenari), Calgary, Alberta; **94.4** Fotolia (kristina rütten), New York; **95** Shutterstock (Evgeny Bakharev), New York; **96.1** Thinkstock (Wavebreakmedia Ltd), München; **96.2** Shutterstock (sophiablu), New York; **97.1** Shutterstock (AlemaGoma), New York; **97.2** iStockphoto (etotparen), Calgary, Alberta; **98** iStockphoto (venakr), Calgary, Alberta; **99.1** Fotolia (Anna Kucherova), New York; **99.2** Shutterstock (New Africa), New York; **99.3** Shutterstock (Coprid), New York; **99.4** Shutterstock (Lytvynenko Bogdan), New York; **100** iStockphoto (PeopleImages), Calgary, Alberta; **101** iStockphoto (FredFroese), Calgary, Alberta; **102** Shutterstock (steve estvanik), New York; **103** iStockphoto (Vasko), Calgary, Alberta; **104.1** Shutterstock (Frank Wasserfuehrer), New York; **104.2** Shutterstock (GrashAlex), New York; **105.1** Shutterstock (nito), New York; **105.2** iStockphoto (Sergii Kateryniuk), Calgary, Alberta; **107.2** iStockphoto (no_limit_pictures), Calgary, Alberta; **107.3** iStockphoto (Elena Moskalenko), Calgary, Alberta; **107.4** Fotolia (Axel Burchardt), New York; **107.5** Fotolia (Manuel Schönfeld), New York; **108.1** Shutterstock (Oliver Huitson), New York; **108.2** iStockphoto (sack), Calgary, Alberta; **109** iStockphoto (irakite), Calgary, Alberta; **110.1** Shutterstock (svry), New York; **110.2** iStockphoto (HandmadePictures), Calgary, Alberta; **110.3** Shutterstock (aragami12345s), New York; **111** iStockphoto (Ababsolutum), Calgary, Alberta; **113.1** Shutterstock (successo images), New York; **113.2** iStockphoto (Jacob Ammentorp Lund), Calgary, Alberta; **114.1** Shutterstock (Claudia Paulussen), New York; **114.2** iStockphoto (FooTToo), Calgary, Alberta; **115.1** Fotolia (Petair), New York; **115.2** Shutterstock (Five-Birds Photography), New York; **116** iStockphoto (Neustockimages), Calgary, Alberta; **117** Shutterstock (wideonet), New York; **118.1** iStockphoto (omersukrugoksu), Calgary, Alberta; **118.2** iStockphoto (alekskai52), Calgary, Alberta; **119.1** Shutterstock (RossHelen), New York; **119.2** Shutterstock (trabantos), New York; **119.3** iStockphoto (Tolola), Calgary, Alberta; **120** iStockphoto (MirekKijewski), Calgary, Alberta; **121.1** iStockphoto (campbellphotostudio), Calgary, Alberta; **121.2** Shutterstock (Keith Publicover), New York; **121.3** Shutterstock (tonton), New York; **122** iStockphoto (Jultud), Calgary, Alberta; **123** iStockphoto (wakila), Calgary, Alberta; **124.2** Fotolia (Remains), New York; **124.3** Shutterstock (Vladimir Nenezic), New York; **125.1** iStockphoto (mije_shots), Calgary, Alberta; **125.2** iStockphoto (joshblake), Calgary, Alberta; **126.1** iStockphoto (extravagantni), Calgary, Alberta; **126.2** iStockphoto (jahmaica), Calgary, Alberta; **126.3** Shutterstock (Michal Stipek), New York; **127** Shutterstock (Michal Stipek), New York; **128.2** iStockphoto (swissmediavision), Calgary, Alberta; **U1** Shutterstock (Maria Sbytova), New York; **U1** iStockphoto (querbeet), Calgary, Alberta; **U1,** 4, 5 iStockphoto (bluejayphoto), Calgary, Alberta; **U1** iStockphoto (MenagerieCreative), Calgary, Alberta; **80,** 81 iStockphoto (bluejayphoto), Calgary, Alberta

INHALT

1 Überraschung am Chiemsee 8

2 Träume in Berlin 14

3 Ein weit gereister Weihnachtswunsch 20

4 Ein ganz besonderes Gemüse 26

5 Endlich Freiheit 34

6 Nürnberger Nächte 39

7 Der Virenfänger von Hameln 44

8 Heimweh nach Mexiko 50

9 Ein Urlaub voller Angst 58

10 Das Leben geht weiter 64

11 Der verlorene Ehering 70

12 Ein süßes Geheimnis 74

13 Die letzte Küchenmaschine 82

14 Flucht vor der Fastnacht 87

15 Der beste Kuchen der Welt 94

16 Ein Wochenende auf Rügen 100

17 Gudrun trinkt nur Tee 108

18 Tausendmal ist nichts passiert 113

19 Die große weite Welt 118

20 Höhenangst 124

ABKÜRZUNGEN

Akk. – Akkusativ
Dat. – Dativ
etw. – etwas
idiom. – idiomatisch
jmd. – jemand
jmdm. – jemandem
jmdn. – jemanden
ugs. – umgangssprachlich

1 ÜBERRASCHUNG AM CHIEMSEE

„Lieb ist er ja, aber romantisch? Mein Alex? Nein, romantisch ist er nicht", sagt Vanessa. Sie macht eine Pause und hört zu, was ihre Freundin sagt. „Klar liebe ich Alex – und er mich auch. Nein, es geht mir wirklich nur um die Romantik. Und romantisch ist er **eben**[1] einfach nicht."

Alex steht in seiner Jacke an der Wohnzimmertür und **lauscht**[2]. Er ist heute etwas früher von der Arbeit nach Hause gekommen und Vanessa hat den Schlüssel nicht gehört. Was sagt Vanessa da? Er und nicht romantisch? Traurig stellt Alex seine Tasche auf den Boden und zieht seine Jacke aus. Doch Alex ist kein Mensch, der lange traurig ist. „Ich werde ihr schon zeigen, wie romantisch ich bin", sagt er leise und **lächelt**.

Rosenheim ist eine Stadt in **Oberbayern**. Sie liegt ganz im Süden Deutschlands, ca. 30 km nördlich von der österreichischen Grenze.

Am nächsten Tag sitzen Vanessa und Alex am Frühstückstisch. „Vier Jahre sind wir nun schon zusammen", sagt Vanessa, „aber auf einem **Männerabend** warst du noch nie. Nach dem Sport schon, aber einfach so?" Alex antwortet ihr: „Warum nicht? Immer wieder mal was Neues." Vanessa **spottet**[3]: „Ein Männerabend – wie romantisch." Doch Alex meint nur: „**Und wie**[4]! Du wirst schon sehen."

Beim Männerabend trifft sich Alex mit vier alten Freunden in der Altstadt von **Rosenheim**. Einer arbeitet als **Nachtwächter**[5], einer als Kellner, einer als Koch und einer als Blumenverkäufer. Sie reden lange und machen eine Liste. Was haben sie **bloß**[6] vor?

der Männerabend

Treffen ohne Frauen, meistens in einer Kneipe

anstoßen

mit einem Wein- oder Bierglas leicht ein anderes Glas berühren, um auf etw. zu trinken

1 **eben** – nun einmal, das kann man nicht ändern
2 **lauschen** – zuhören, ohne dass es die andere Person weiß
3 **spotten** – etw. ironisch oder sarkastisch sagen
4 **Und wie!** – Oh ja! Sehr sogar!
5 **der Nachtwächter** – Beruf: Mann, der aufpasst, dass nachts niemand in ein Gebäude kommt
6 **bloß** – (Wort, das eine Frage stärker macht) denn, nur

Am **11. August**[7] schlägt Alex seiner Freundin einen Ausflug vor. Vanessa **wundert sich**[8]: „Weißt du, wie viel Uhr es ist?" Alex schaut auf seine Uhr: „Genau 18 Uhr, 22 Minuten und 34 Sekunden." Vanessa lacht. „Na, so genau muss ich das eigentlich auch nicht wissen. Du meinst also, es ist noch nicht zu spät. Wohin soll es denn gehen? Und warum gerade heute?" Doch Alex antwortet nur: „Lass dich überraschen."

Ein ganzes Stück ist Alex nun schon auf den **Chiemsee gepaddelt**. „Und - wohin soll es denn jetzt gehen?", fragt Vanessa wieder. Aber Alex antwortet wieder nur: „Das ist immer noch eine Überraschung."

Herrenchiemsee (auch Herreninsel genannt) ist die größte von drei Inseln im Chiemsee. Die anderen beiden sind die Fraueninsel und die Krautinsel.

Zehn Minuten später haben sie die Insel **Herrenchiemsee** erreicht. Alex hilft Vanessa aus dem Boot. „Oh, ein Gentleman." Langsam gehen sie über einen kleinen Weg in einen großen Park.

Das Schloss heißt so wie die Insel. Es wurde von Ludwig II. ab 1878 gebaut.

Schon bald sehen sie das bekannte Schloss. Alex führt Vanessa direkt zum Gebäude und öffnet eine Tür. „Was machst du denn da?", fragt Vanessa. „Ich bin romantisch", antwortet Alex. Doch das kann Vanessa gar nicht finden. „Du meinst wohl eher kriminell", kommentiert sie.

„Was für eine Treppe", **staunt**[9] Vanessa. Alex weiß, dass sie noch nie im **Schloss Herrenchiemsee** war. Also sieht sie das **Prunktreppenhaus** zum ersten Mal. „Warte nur, es wird noch besser", sagt er und führt sie die Treppe hoch. Oben angekommen gehen sie nach rechts und dann immer geradeaus, durch viele Zimmer und lange Korridore.

große und teure Treppe, Sehenswürdigkeit im Schloss Herrenchiemsee

7 **11. August** – bei den Perseiden (Tage um den 11. August) sieht man viele Sternschnuppen (siehe Erklärung auf S. 13) am Himmel

8 **sich wundern** – nicht normal finden

9 **staunen** – nicht normal, aber toll finden

Endlich kommen sie in der **Großen Spiegelgalerie** an. Hier sagt Vanessa erst einmal gar nichts mehr. In der Mitte des Saals steht ein langer Tisch. Darauf stehen teures Geschirr und schöne Gläser. Ein paar lange Kerzen geben ein warmes Licht. Und mitten auf dem Tisch sieht Vanessa eine Blumenvase voller roter **Dahlien**. ‚Meine Lieblingsblumen', denkt sie. „Setz dich doch", sagt Alex.

Ein Kellner kommt und bringt zwei Teller mit Antipasti. Der Koch empfiehlt ihnen den richtigen Wein. Alex **zwinkert** seinen beiden Freunden **zu**[10]. Vanessa ist **sprachlos**[11]. Alex fragt sie: „Und? Ist es nicht romantisch hier?" Vanessa antwortet nicht. Nach dem Dessert bringt der Kellner ihnen noch einen **Glückskeks**. Vanessa öffnet ihn und liest den Zettel. Dann schaut sie Alex an, sagt aber noch immer nichts. Sie **nickt**[12] nur.

die Dahlie

Sommer- und Herbstblume, die es in vielen verschiedenen Farben gibt

der Glückskeks

Keks mit einem Zettel, auf dem ein Spruch steht, gibt es in asiatischen Restaurants

große Raum mit vielen Spiegeln und Fenstern, Sehenswürdigkeit im Schloss Herrenchiemsee

Nach dem Essen sitzen Vanessa und Alex draußen im Park vor dem Schloss. Sie schauen in den Himmel, wo heute viele **Sternschnuppen**[13] zu sehen sind. Alex **flüstert**[14] Vanessa ins Ohr: „Steck eine Sternschnuppe in deine Tasche und lasse sie niemals rausfallen. Denn wenn es doch mal Probleme gibt, man weiß ja nie, dann musst du sie nur herausnehmen, und deine Probleme lösen sich von selbst. Wichtig ist nur, dass in deiner Tasche noch etwas vom Licht der Sterne ist."

Endlich hat Vanessa **ihre Sprache wiedergefunden**[15]: „Wie romantisch du doch bist!"

Am nächsten Tag ist das Schloss wieder für Besucher geöffnet. Ein kleiner Junge hebt einen Zettel auf und geht zu seiner Mutter: „Schau mal, Mama, was ich gefunden habe. Auf dem Zettel steht:"

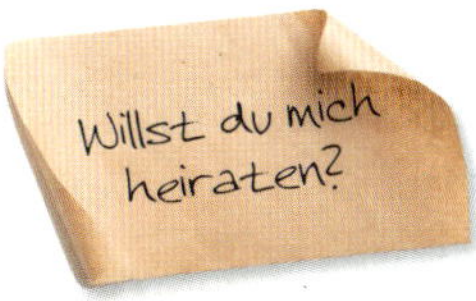

10 **jmdm. zuzwinkern** – ein Auge kurz zumachen, um jmdm. etw. zu signalisieren

11 **sprachlos** – nichts sagen (können)

12 **nicken** – den Kopf nach oben und unten bewegen, als Signal für ‚Ja'

13 **die Sternschnuppe** – fallende Sterne am Himmel, die hell leuchten; Mitte August sieht man viele

14 **flüstern** – leise sagen

15 **seine Sprache wiederfinden** – (idiom.) lange Zeit leise sein und dann erst wieder etw. sagen

Jedes Jahr besuchen ca. **400.000 Touristen** das Schloss.

Das Schloss Herrenchiemsee erinnert stark an das französische Schloss von Versailles. Deshalb wird es auch das **bayerische Versailles** genannt.

2 TRÄUME IN BERLIN

Montag. Ich bin **aufgeregt**[1].

Heute ist nämlich mein erster Tag. Ich mache ein **Praktikum**[2] bei einer **Werbeagentur**[3]. Aber nicht bei so einer kleinen Agentur, die kein Mensch kennt. Nein, bei der besten Werbeagentur in ganz Berlin. Nicht schlecht, oder? Und es wird noch besser: Der Chef der Agentur ist sehr bekannt und hat in Deutschland schon viele tolle Kampagnen gemacht. Zu den Kunden seiner Agentur gehören alle großen und wichtigen deutschen Firmen. Wie dieser Super-Chef heißt? Gero Nimrod Altenstädter, aber alle nennen ihn nur Genial – wegen der ersten Buchstaben seines Namens: Ge-Ni-Al. Seine Ideen und Slogans lernen wir sogar an der Uni.

Ich studiere in München Kommunikationswissenschaften. Alle meine **Kommilitonen**[4] wollen nach dem Studium Journalisten werden, an der Uni bleiben oder bei einem **Verlag**[5] arbeiten. Nur ich nicht. Ich will direkt nach dem Studium bei einer Werbeagentur anfangen. Das Praktikum soll mir die Tür zur Welt der Reklame öffnen. Nur deshalb bin ich jetzt für vier Wochen in Berlin. Hier wohne ich bei meiner Freundin Andrea in ihrer coolen **Studenten-WG**.

die WG (kurz für: Wohngemeinschaft)

Typisch für junge Leute mit wenig Geld: Wohnung, in der jeder ein eigenes Zimmer hat. Die Küche und das Bad werden von allen benutzt.

Ich gehe in die Agentur und stehe direkt vor ihm. Er begrüßt mich: „Hallo, ich bin Gero. Und wer bist du?" Jetzt nur keinen **schlechten Eindruck hinterlassen**[6]! „Ich bin Marie. Ich mache hier ein Praktikum. Heute ist mein erster Tag." Gero antwortet nur kurz: „Die Praktikantin. Hmm. In 20 Minuten haben wir ein **Meeting**. Bis dann." Ich hole mir einen Kaffee und warte.

Endlich fängt das Meeting an. Alle Mitarbeiter der Agentur sind da. Gero stellt mich vor: „Das ist Marie, unsere Praktikantin." Danach sprechen Gero und die anderen nur noch über die neue Kampagne für einen wichtigen Kunden aus der **Telekommunikationsbranche**[7]. Ich freue mich, dass ich gleich an meinem ersten Praktikumstag dabei sein darf.

1 **aufgeregt** – nervös

2 **das Praktikum** – Job ohne Geld oder mit wenig Geld als Vorbereitung für eine richtige Arbeit

3 **die Werbeagentur** – Firma, die Reklame macht

4 **der Kommilitone** – anderer Student an der Uni, der dasselbe Fach studiert

5 **der Verlag** – hier werden Bücher, Zeitungen oder Zeitschriften gemacht

6 **einen guten/schlechten Eindruck hinterlassen** – (idiom.) erreichen, dass eine andere Person gut/schlecht über einen denkt

7 **die Telekommunikationsbranche** – Firmen aus den Bereichen Telefon, Handy und Internet

Arbeitstreffen zu einem bestimmten Thema

das Meeting

„Was ist die wichtigste Regel, wenn es um Reklame geht?“

Nach dem Meeting stellt mir Gero eine Frage: „Was ist die wichtigste Regel, wenn es um Reklame geht?“ Ich weiß nicht, was ich antworten soll. Die wichtigste Regel!? Da gibt es doch so viele Regeln! Welche ist denn nun die wichtigste? Also erzähle ich, was mir gerade in den Kopf kommt. Ich rede über **Game Changer**, **Digital Natives** und **postkonsumistische**[8] Kunden. Natürlich versuche ich, möglichst viele komplizierte Wörter von der Uni zu benutzen. Gero soll ja denken, dass ich schon viel von Werbung verstehe. Nach zwölf langen Minuten bin ich fertig. Gero hat mich nicht **unterbrochen**[9]. Auch jetzt sagt er noch kein Wort. Er sieht mich nur lange und **nachdenklich**[10] an. Dann erklärt er: „Ich habe eine Aufgabe für dich. Die erste Woche des Praktikums verbringst du nicht hier, sondern irgendwo in Berlin. Vor dem Fernseher. Im Freien. Mit Freunden oder alleine. Ganz egal. Du kannst machen, was du willst. Aber du suchst nach einer Antwort auf meine Frage. In einer Woche sehen wir uns wieder. Wenn du meine Frage dann kurz und gut beantworten kannst, darfst du bei einer richtigen Kampagne mitmachen.“

Ich bin **enttäuscht**[11]. Das soll mein Praktikum bei der besten Werbeagentur Berlins sein? Stunden vor dem Fernseher? Tage in Berlin? Also gar keine richtige Arbeit, sondern nur Freizeit? Traurig gehe ich zurück zu meiner Freundin Andrea. „Was ist denn mit deinem Praktikum? Warum bist du nicht in der Agentur?", fragt sie. Da erzähle ich ihr alles. Andrea macht Popcorn und wir setzen uns vor den Fernseher. Den ganzen Nachmittag sehen wir eine Reklame nach der anderen. Aber eine Regel finden wir beide nicht.

Am nächsten Tag stehe ich auf dem **Alex** und suche nach Reklame. Mehr aber noch nach der Regel. Ich gehe an der **Weltzeituhr** und am **Fernsehturm** vorbei und sehe mir jedes Werbeplakat ganz genau an. Aber das hilft auch nicht. Ich habe einfach keine Idee. Ich versuche es mit **Entspannung** und setze mich vor den **Berliner Dom**. Nichts!

8 **der Game Changer/der Digital Native/postkonsumistisch –** Spezialwörter für Diskussionen an der Uni

9 **jmdn. unterbrechen –** jmdn. nicht zu Ende reden lassen

10 **nachdenklich –** mit Denken beschäftigt

11 **enttäuscht –** traurig, man sagt ‚schade'

Insel in der Spree mit vielen Museen, Sehenswürdigkeit in Berlin

politisches Zentrum von Deutschland mit Bundestag und Bundeskanzleramt, Sehenswürdigkeit in Berlin

acht miteinander verbundene Innenhöfe mit Geschäften, Cafés, Restaurants, Kino und Theater, Sehenswürdigkeit in Berlin

Auch an den nächsten Tagen fühle ich mich wie eine Touristin: Mittwoch gehe ich durch die **Hackeschen Höfe**, Donnerstag besuche ich die **Museumsinsel**. Alles schön und gut. Doch die Regel finde ich nicht. Freitag ist das **Regierungsviertel** dran. Politiker machen doch auch Werbung, oder? Werbung für Ideen, Reklame für ihre Politik. Also sitze ich den ganzen Tag im Bundestag, neben mir immer eine Tasse Kaffee. Am Abend habe ich viel über Politik gehört, aber wieder nichts gelernt. In meinem Kopf ist Chaos. Vielleicht ist die Arbeit bei einer Werbeagentur doch nicht das Richtige für mich?

Auch am Wochenende suche ich weiter nach einer Antwort auf Geros Frage. Doch so langsam glaube ich nicht mehr, dass ich diese Aufgabe lösen kann. Ohne Ziel **streife**[12] ich durch Berlin. Bald wird es schon dunkel. Da bleiben plötzlich ein paar amerikanische Touristen vor mir stehen. Sie wollen zum **Spreepark** und wissen den Weg nicht. In den letzten Tagen habe ich ja viel von Berlin gesehen. Aber im Spreepark war ich selbst noch nicht. Also **schlage** ich **vor**[13], ehemaliger Freizeitpark, Sehenswürdigkeit in Berlin

der Spreepark

sie dorthin zu bringen. Ich habe sowieso nichts anderes zu tun.
Es ist schon fast dunkel, als wir im Spreepark ankommen. Sofort holen die Amerikaner ihre Kameras heraus und machen schnell ein paar Fotos. Ich aber habe es gar nicht eilig. Langsam gehe ich umher. Ich merke, dass ich schon wieder nach Werbung suche. Hier im Park! Doch dann sehe ich an einer kaputten **Bude**[14] ein altes Schild mit nur einem Satz: „Bei uns **erlebst**[15] du Träume." Einen Moment bleibe ich stehen und **überlege**[16]. Dann spaziere ich weiter durch den Park. Allein. Die Amerikaner sind schon wieder gegangen. Erst am späten Abend komme ich wieder zu Andrea.

Montag. Ich bin nervös.

Heute bin ich nämlich wieder in der Agentur. Die Woche ist um. Habe ich die Regel gefunden? Kann ich Geros Frage kurz und gut beantworten? Da kommt er auch schon auf mich zu. Er fragt nur: „Und?"

12 **streifen** – langsam und ohne Ziel gehen
13 **vorschlagen** – eine Idee sagen
14 **die Bude** – (hier:) sehr kleines Haus, an dem Souvenirs und Snacks verkauft werden
15 **etw. (Akk.) erleben** – etw. (Akk.) sehen, kennenlernen, genießen
16 **überlegen** – etwas länger denken, um eine Lösung zu finden
17 **jmdn. loben** – jmdm. sagen, dass er etwas gut gemacht hat

Ohne lange zu überlegen, antworte ich: „Verkaufe kein Produkt, verkaufe Träume." Dann sage ich nichts mehr. Ich warte. War es diese Regel, die Gero gemeint hat?

Gero **lobt**[17] mich: „Besser kann ich es auch nicht sagen. Und jetzt an die Arbeit. Verkaufe Träume! Das Produkt der Kampagne ist übrigens **Katzenstreu**."

die Katzenstreu

kleine Kugeln für die Katzentoilette

3 EIN WEIT GEREISTER WEIHNACHTSWUNSCH

„In diesem Jahr bekommst du nichts Großes zu Weihnachten – nur ein paar kleine Geschenke.“ Traurig schaut der kleine Pepa seine Mutter Lenka an. „Aber warum?“, fragt er. „Du weißt doch, wir haben das Haus gekauft. Und …“, antwortet Lenka und **nimmt** Pepa **in den Arm**. Pepa **unterbricht**[1] seine Mutter: „Aber die Geschenke bringt doch das **Christkind**, der **Ježíšek**[2]. Dem Christkind ist es egal, dass wir das Haus gekauft haben. Das Christkind kann alles!“ Pepa läuft aus der Küche in sein Zimmer. Lange schaut Lenka ihm hinterher.

„Wann gehen wir denn endlich ins **Elbsandsteingebirge**[3]?“, fragt Hendrik seine Frau. „Bald, bald“, antwortet sie, „in ein paar Tagen schon.“

jmdn. in den Arm nehmen

die Arme um jmdn. legen, wenn er traurig ist oder wenn man sich lange nicht gesehen hat

Pepa war den ganzen Abend **nachdenklich**[4]. Am nächsten Morgen geht er in die Schule. Alle Kinder aus der 1a basteln heute Weihnachtskarten und schreiben dem Christkind ihre Wünsche. Viele Kinder können schon ganz gut schreiben. So auch Pepa. „Die Karten könnt ihr mir geben", sagt die Klassenlehrerin. „Die schicken wir jetzt alle per Luftpost ans Christkind." Sie zeigt auf einige bunte **Luftballons**, die vorne im Klassenzimmer vor der Tafel hängen. „Da ist **Helium**[5] drin", erklärt sie. Jede Karte bindet sie an einen Ballon. Dann gehen alle mit ihrem Ballon und ihrer Karte nach draußen.

„Und jetzt **loslassen**[6]", sagt die Lehrerin. Pepa macht die Augen zu, denkt an seinen Wunsch und lässt seinen Ballon fliegen. Als er die Augen wieder öffnet, ist der Ballon schon hoch über der Schule. Da oben geht ein leichter Wind und schiebt Pepas Ballon immer weiter nach Nordwesten. Kleiner und kleiner wird der Ballon und dann ist er weg. Jetzt erst gehen die Kinder mit der Lehrerin wieder ins Schulhaus.

der Luftballon

Ball aus Gummi, in den man Luft oder Gas tun kann

1 **jmdn. unterbrechen –** jmdn. nicht zu Ende reden lassen

2 **das Christkind (tschechisch *Ježíšek*) –** Jesus als Kind, bringt Geschenke an Weihnachten

3 **das Elbsandsteingebirge –** Berggruppe, die zum Teil in Deutschland und zum Teil in Tschechien liegt

4 **nachdenklich –** mit Denken beschäftigt

5 **das Helium –** Gas, das leichter als Luft ist

6 **loslassen –** nicht festhalten, die Hände öffnen

deutscher Teil des Elbsandsteingebirges, berühmt für seine markanten Felsen

Die ‚Schweiz' ist entweder das Land oder eine Landschaft, die Berge hat und ein bisschen wie das Land Schweiz aussieht.

Vier Tage später packen Hendrik und Mareike ihre Rucksäcke und gehen los. Heute wollen sie zur **Basteibrücke** wandern. Mareike schaut Hendrik mit seinem großen Rucksack an und muss lachen: „Das ist doch nur die **Sächsische Schweiz**, nicht die richtige Schweiz. Ganz so hoch geht es nicht. Die Schneeschuhe und die ganzen Profi-Sachen kannst du zu Hause lassen." „Das ist nur ein bisschen Essen. Sicher ist sicher", antwortet Hendrik nur. „Und du weißt ja, ich trainiere gerne ein bisschen."

Lenka und Štěpán sprechen miteinander. „Können wir ihm nicht vielleicht doch das **ferngesteuerte Auto** kaufen?", fragt Štěpán. Lenka **schüttelt den Kopf**[7]. „Du weißt doch, dass das dieses Jahr **nicht drin ist**[8]."

Spielzeugauto für Kinder, das man per Fernbedienung fahren kann

das ferngesteuerte Auto

Mareike und Hendrik sitzen auf einem **Felsen** und machen eine kleine Pause. „Schau mal, da!“, sagt Mareike, „was ist denn das?“ „Also, ich sehe nichts“, meint Hendrik. „Doch, doch, da ist was. Etwas Rotes.“ Mareike steht auf, steigt über ein paar Steine und zieht etwas aus einem Loch. „Ein Luftballon“, erklärt sie. „Ein bisschen Helium ist auch noch drin. Halt ihn gut fest“, sagt sie und gibt Hendrik den Ballon. „Da hängt etwas dran“, **stellt** Hendrik **fest**[9].

Er macht die Karte ab und gibt sie Mareike. „Das sieht aus wie ein **Wunschzettel** zu Weihnachten. Schau mal, da ist ein Stern, hier ein Geschenk und das Christkind.“ Jetzt sieht sich auch Mareike die Karte genauer an: „Das hat ein kleines Kind geschrieben. Was ist denn das für eine Sprache?“ Hendrik liest leise ein paar Worte. „Das könnte Tschechisch sein. Aber ich verstehe nichts.“

7 **den Kopf schütteln** – den Kopf nach links und rechts bewegen, Zeichen für ‚Nein‘ oder Zeichen, dass man etw. (Akk.) nicht glaubt

8 **nicht drin sein** – (ugs.) nicht möglich sein

9 **feststellen** – merken und etwas dazu sagen

Lenka schaut ihren Mann an und sagt: „**Da muss er durch**[10]. Bestimmt ist er traurig, wenn er das Auto nicht bekommt. Aber wir haben ja noch ein paar andere kleine Geschenke." Aber noch ist Pepa gar nicht traurig. **Fröhlich**[11] läuft er durchs ganze Haus und singt Weihnachtslieder.

Mareike und Hendrik warten. „Das geht schnell. Ist ja nicht lang", hat die **Übersetzerin**[12] gesagt. Ein paar Minuten später bringt sie ihnen die Übersetzung:

Liebes Christkind,
dieses Jahr war ich ganz lieb. Wirklich! Zu Weihnachten wünsche ich mir ein ferngesteuertes Auto. Meine Eltern haben gesagt, dass das zu teuer ist. Aber du bist doch das Christkind, für dich ist nichts zu teuer. Du kannst doch alles.
Dein Pepa

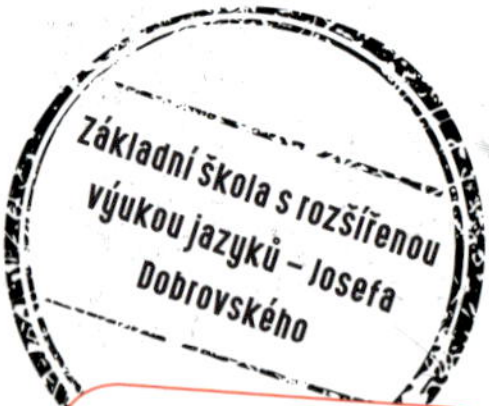

„Auf der Karte war noch der **Stempel** einer Schule. Ich habe mal kurz im Internet gesucht. Hier ist die Adresse. Vielleicht ist das für Sie ja interessant", sagt die Übersetzerin. „Wie süß", meint Mareike, als sie das Büro der Übersetzerin verlassen. „Aber jetzt lass uns nach Hause gehen. Wir wollten doch noch **Plätzchen** backen."

1. offizieller Name und/oder die Adresse einer Institution
2. Ding, mit dem man 1. auf ein Dokument drückt

das Plätzchen

Keks an Weihnachten

„Du, ich habe da eine Idee“, sagt Hendrik.

Pepas Eltern bereiten alles für Weihnachten vor und machen die letzten Einkäufe. Nur das ferngesteuerte Auto ist nicht dabei. Doch Pepa ist gar nicht traurig. „Das Chri-istkind **erfüllt** a-a-alle **Wü-ünsche**[13]!“, singt er zur Melodie eines alten Weihnachtslieds.

Mareike und Hendrik stehen in der Küche und backen Plätzchen. „Du, ich habe da eine Idee“, sagt Hendrik nach ein paar Minuten. „Hör zu, ...“

„Von wem kommt denn das gelbe **Päckchen** dort?“, fragt Lenka und zeigt auf die Geschenke unterm **Weihnachtsbaum**. Pepa packt schon die ersten kleinen Geschenke aus. Štěpán antwortet: „Keine Ahnung, aber es kommt aus Deutschland.“ Lenka sieht ihren Mann an: „Aber wir kennen doch niemanden in Deutschland. Komisch.“

Pepa hat keine Lust, lange zu **rätseln**[14]. Er nimmt sich das große Paket, öffnet es und **jubelt**[15]: „Das Auto, das Auto!“ Seine Mutter und sein Vater schauen sich an: „Wie kann denn das sein?“

„Das Christkind kann alles“, antwortet Pepa und lacht.

10 **Da muss er durch.** – (ugs.) Das schafft er schon. Wir können es ja nicht ändern.

11 **fröhlich** – Gegenteil von traurig

12 **die Übersetzerin** – Frau, die übersetzt, also einen Text aus einer Sprache in eine andere Sprache bringt

13 **einen Wunsch erfüllen** – einen Wunsch wahr werden lassen

14 **rätseln** – Fragen stellen und nichts Genaues wissen

15 **jubeln** – laut rufen, weil man sich freut

der Turm

hoher, dünner Teil einer Kirche, an dem z. B. eine große Uhr ist

Am Kölner Dom wurde über 600 Jahre gebaut. Begonnen wurde 1248, fertig war die Kirche erst 1880!

533 Stufen führen zur Turmspitze.

Der Kölner Dom ist ca. 157 m hoch und damit die dritthöchste Kirche in Europa.

4 EIN GANZ BESONDERES GEMÜSE

große Kirche, Kathedrale

„Schokolade ist Gemüse."

Ein einfacher, kurzer Satz von Sebastian. Doch verstehen kann ich ihn nicht. „Wie bitte? Gemüse?", frage ich, als wir mit dem Zug im Kölner Bahnhof ankommen. „Warum denn das?" Doch Sebastian antwortet nicht. **Stattdessen**[1] erzählt er mir von den wichtigsten Sehenswürdigkeiten der Stadt. Langsam gehen wir vom Hauptbahnhof über einen großen Platz – die **Domplatte** – direkt in den **Dom**.

Für mich ist das alles neu. Eigentlich komme ich aus Frankreich, aber seit fünf Monaten studiere ich in Bonn Medizin. In Köln war ich noch nie.

großer Platz (7 000 m²) um den Kölner Dom herum

Und genau darüber hat sich Sebastian letzte Woche erst noch **gewundert**[2]: „Du studierst in Bonn und warst noch nie in Köln?". Da **war** ich natürlich **neugierig**[3]: „Habe ich da was **verpasst**[4]?"

„Auf jeden Fall, Claire", antwortete er. „Du sagst doch immer, dass du Schokolade liebst. Dann ist Köln genau das Richtige für dich."

Doch nun sind wir ja im Dom. Schokolade in einer Kirche?! Sicher nicht. Sebastian hat eine Führung für uns reserviert. So hören wir viel über die Geschichte des Doms. Außerdem sehen wir einiges, was die meisten Besucher ohne Führung nicht besichtigen. Der berühmte **Altar** und die **Orgel** gefallen mir. Aber am besten finde ich unseren Ausflug die lange Treppe hinauf auf einen der beiden **Türme**. Von dort oben kann man die ganze Stadt sehen.

Im Dom steht der goldene **Dreikönigenschrein** aus dem 12. Jh. Ein Schrein ist ein eine Box oder ein Schrank aus Holz für die Knochen von Königen oder anderen wichtigen Personen.

großes Instrument in Kirchen, das wie ein Klavier aussieht, bei dem die Musik aber mit Luft gemacht wird

großer Tisch vorne in der Kirche für die Bibel und andere christliche Dinge

1 **stattdessen** – als Alternative
2 **sich über etw. (Akk.) wundern** – etw. (Akk.) nicht normal finden
3 **neugierig sein** – etwas interessant finden und mehr wissen wollen
4 **etw. (Akk.) verpassen** – (hier:) eine Chance nicht nutzen

Als wir wieder unten sind, fühle ich mich immer noch ganz glücklich und frei: „Da hast du dir ja gleich **etwas Besonderes**[5] für den Anfang ausgesucht", **lobe**[6] ich Sebastian. „Und was machen wir jetzt?"

„Schokolade ist Gemüse."

„Das Wetter ist gut. Wie wäre es mit einem Spaziergang am **Rhein** entlang?" Da sage ich natürlich nicht Nein. Vielleicht gibt es hier ja die Schokolade? Wir kaufen uns ein Eis und ich nehme natürlich Schokolade. Sicher erzählt Sebastian dann mehr. Und wirklich: Wieder meint er: „Schokolade ist Gemüse. Also hast du ein Gemüseeis."

die Fassade

Vorderseite eines Hauses

Neben dem Kölner Dom ist die Altstadt das beliebteste Ziel für Touristen. Zu sehen gibt es kleine Häuser mit tollen Fassaden.

Köln hat eine beliebte Promenade am Rheinufer. Von hier aus starten Schiffe zu Ausflügen nach Düsseldorf oder bis in den Rheingau.

Ich muss lachen. „Seit wann das denn? Zwiebeln, Karotten und Tomaten sind Gemüse. Aber Schokolade?" Doch genauer will Sebastian das nicht erklären.

Stattdessen spricht er über den Rhein, einen der wichtigsten Flüsse Deutschlands. Wir gehen über eine Brücke zum **Zollhafen**[7]. „Lass uns in ein Museum gehen", meint Sebastian. Dazu habe ich eigentlich gar keine Lust: „Lieber nicht. Hier auf der **Uferpromenade** ist es so schön. Das Wetter ist doch viel zu gut für einen Museumsbesuch." Aber Sebastian will unbedingt. „Also gut. Dann also ins Museum", sage ich. Vielleicht gibt es dort ja eine Bank und ich kann meine Postkarten schreiben.

5 **etwas Besonderes** – etwas sehr Tolles

6 **jmdn. loben** – jmdm. sagen, dass er etwas gut gemacht hat

7 **der Zollhafen** – Stadtteil in Köln am Fluss Rhein

(hier:) Portion Schokolade, meist 100g

Doch dafür habe ich gar keine Zeit. Das Museum ist wirklich toll! Es ist **nämlich**[8] das Kölner Schokoladenmuseum. Was ich hier alles sehe und lerne! So **erfahre**[9] ich zum Beispiel, wer als Erstes Schokolade gemacht hat, woraus sie besteht, woher der Kakao für die Schokolade kommt und so weiter. Im Tropenhaus gehen Sebastian und ich sogar durch ein Stück Dschungel! Und das mitten im Museum! Mit jedem Meter steigt meine Lust auf Schokolade. Ich brauche jetzt sofort Schokolade, am besten gleich eine ganze **Tafel**!

sehr großer Teller mit einer Fontäne, meist für Wasser, z. B. vor einem Schloss; hier auf dem Bild der Schokoladen-brunnen in Köln

Und dann kommt das Beste: ein riesiger **Brunnen** voller Schokolade. Endlich darf ich **naschen**[10]. Als wir weitergehen, gibt Sebastian mir ein Taschentuch und zeigt auf einen Spiegel. Oh ja, man sieht, dass mir die Schokolade geschmeckt hat! Als mein Mund wieder sauber ist, gehen wir noch in ein Schokoladenatelier. Hier kann man zusehen, wie Schokolade hergestellt wird. Und probieren darf man natürlich auch. Gut, dass Sebastian noch mehr Taschentücher hat!

Am Ende dieses langen Tages gehen wir noch in eine **Kölsch-Kneipe**[11]. Sebastian erzählt mir vom typischen Bier in Köln. Es kommt in kleinen, **schlanken** Gläsern. Viel ist da nicht drin. Und nach der ganzen Schokolade habe ich natürlich Durst. Also trinke ich mein Glas schnell leer. Gerade will ich mit Sebastian noch einmal über die „Schokolade-

sehr dünn

Stück Karton, das man unter ein Bierglas legt

der Bierdecke

ist-Gemüse-Geschichte“ sprechen, da steht schon ein neues, volles Glas vor mir. Was ist denn das? Ich bin so **überrascht**[12], dass ich vergesse, was ich eigentlich sagen wollte. Stattdessen frage ich Sebastian: „Wo kommt denn das Glas jetzt her? Wir haben doch gar nichts mehr bestellt.“
Sebastian lacht nur und erklärt: „Magie!? – Nein, das war ein Witz. - In Kölner Kneipen bekommt man so lange neues Bier, bis man eindeutig zeigt, dass man keins mehr will. Und das macht man so.“ Er legt einen **Bierdeckel** auf sein leeres Glas und sieht dann auf mein noch volles zweites Glas. Schnell trinke ich aus und lege den Bierdeckel darauf. Denn wir müssen bald schon wieder los: In 25 Minuten fährt unser Zug zurück nach Bonn.

Auf dem Weg zum Bahnhof **fällt** mir die Sache mit der Schokolade wieder **ein**[13]: „Du, Sebastian. Ich wollte dich noch kurz etwas fragen. Kannst du mir jetzt das mit dem Gemüse erklären?“
Sebastian **grinst**[14]. „Klar, kein Problem. Pass auf: Schokolade wird aus der **Bohne** der Kakao-Pflanze hergestellt. Und Bohnen sind Gemüse.
Zucker wird aus der **Zuckerrübe** gemacht. Rüben sind Gemüse. Also ist Schokolade auch Gemüse. Du kannst so viel davon essen, wie du willst. Denn du weißt ja: Gemüse ist gesund.“

8 nämlich – genauer gesagt
9 erfahren – hören, lernen, kennenlernen
10 naschen – zwischen dem Frühstück und dem Mittagessen oder zwischen dem Mittagessen und dem Abendessen etwas Süßes essen
11 die Kölsch-Kneipe – einfaches Lokal, wo man das typische Kölner Bier bekommt
12 überrascht – verwundert, weil etwas anders gekommen ist, als man gedacht hat
13 jmdm. einfallen – jmd. erinnert sich
14 grinsen – stark lächeln

Köln

… ist nach Berlin, Hamburg und München die viertgrößte Stadt Deutschlands.

Köln wurde bereits in römischer Zeit (50 n. Ch.) gegründet. Der lateinische Name der Stadt war **Colonia Claudia Ara Agrippinensium**. Heute leben über eine Million Menschen in Köln.

Bekannt sind die **Kranhäuser** am **Rheinauhafen**, dem früheren **Zollhafen**. Heute ist der Hafen ein Freizeitgebiet.

der Kran

sehr hohe Konstruktion, die man braucht, um große Häuser, Brücken usw. zu bauen

Die drei Kranhäuser wurden von 2006 bis 2008 gebaut. Sie sind ca. 60 m hoch und 70 m lang.

In zwei Kranhäusern befinden sich Büros. Im dritten kann man Luxuswohnungen kaufen.

Der Kölner **Karneval** ist in der ganzen Welt bekannt und eins der größten **Volksfeste** in Deutschland.

die Seilbahn

Bahn, die an einem dicken Seil einen Berg hinaufgezogen wird

Wenn Sie einmal nach Köln kommen, probieren Sie unbedingt Rievkooche (Reibekuchen). Hierfür werden Kartoffeln ganz klein geschnitten = gerieben (deswegen der Name Reibekuchen), mit Zwiebeln und Eiern gemischt und in Fett gebraten. Dazu isst man **Apfelmus**.

Einen besonders schönen Blick auf Köln haben Sie, wenn Sie mit der **Seilbahn** über den Rhein fahren.

Wenn man über die **Hohenzollernbrücke** in den Kölner Bahnhof fährt, sieht man gleich das **Wahrzeichen** der Stadt, den **Kölner Dom**.

das Wahrzeichen

ein berühmtes Gebäude oder Denkmal in einer Stadt

Die Hohenzollernbrücke wurde von 1907 bis 1911 gebaut. Jeden Tag fahren mehr als 1000 Züge über diese Brücke!

Der Rhein ist bei Köln 520 m breit. Wenn er in Köln ankommt, ist er schon seit 684 Kilometern unterwegs.

5 ENDLICH FREIHEIT

Kirche aus dem 14. Jahrhundert und bedeutendste Sehenswürdigkeit in Schweinitz

Es ist Freitag. Er steht in den **Weinbergen**[1], schaut auf das Panorama von Schweinitz mit dem Kirchturm von **Sankt Marien** und **hängt seinen Gedanken nach**[2]: ‚Soll das alles gewesen sein? Mein ganzes Leben? In Schweinitz? Klar: Hier ist es schön, aber besonders aufregend ist es nun auch wieder nicht. Ich will noch etwas anderes sehen als dieses kleine Dorf. Und ich will die Freiheit **spüren**[3].'

Frau, die beruflich Tiere wie Schweine und Kühe hat und Pflanzen wie Kartoffeln anbaut

die Bäuerin

der Stall

Haus, in dem Tiere wohnen

Es ist Samstag, doch **Bäuerin** Pietsch muss auch heute arbeiten. Wie jeden Tag ist sie sehr früh aufgestanden. Zuerst hat sie sich um die Schweine gekümmert. Sie haben etwas zu essen und trinken bekommen. Dann hat sie den **Stall** geputzt und die Schweine nach draußen gelassen. Mit einer Tasse Kaffee in der Hand hat Bäuerin Pietsch ihnen dabei

zugesehen. So wie jeden Morgen. Dann ist sie aufs **Feld** gegangen und hat **gepflügt**. Jetzt macht sie eine kurze Pause und schaut aufs nahe Schweinitz mit dem Kirchturm von Sankt Marien. Seit ihr Mann gestorben ist, muss sie die harte Arbeit alleine **erledigen**[4]. Nur manchmal kann eines ihrer Kinder vorbeikommen und helfen.

Am Sonntag ist er den ganzen Tag zu Hause und denkt: ‚Nein, so kann es einfach nicht weitergehen. Die Zeit ist gekommen. Etwas muss sich ändern. Und zwar jetzt. Ich muss etwas unternehmen.'

Am Montag steht Bäuerin Pietsch mit ihrer Kaffeetasse vor dem Stall und sieht ihren Schweinen zu. Heute dürfen sie wieder nach draußen.

Eins nach dem anderen läuft an ihr vorbei. Doch irgendetwas ist anders als sonst. Bäuerin Pietsch spürt es

1 **der Weinberg** – sonnige Südseite eines Berges mit Weinpflanzen

2 **seinen Gedanken nachhängen** – (idiom.) viel denken, mit offenen Augen träumen

3 **spüren** – fühlen

4 **erledigen** – (bis zum Ende) machen

sofort. Sie zählt die Schweine. Dreiundzwanzig – vierundzwanzig – fünfundzwanzig! Da fehlt doch eins! Es müssen doch 26 sein! Sie weiß auch sofort, welches Schwein fehlt: Fleck! Fleck ist weg! Zuerst sucht sie im Stall. Vielleicht ist Fleck ja krank. Doch da ist er auch nicht. Bäuerin Pietsch geht auf die Felder, die Weinberge und dann nach Schweinitz mit dem Kirchturm von Sankt Marien. ‚Fleck, wo bist du?'

Aber heißt es nicht immer, dass der Weg das Ziel ist?

Es ist Dienstag und er ist heute schon lange unterwegs. Aber heißt es nicht immer, dass **der Weg das Ziel ist**[5]? Jedenfalls freut er sich über seine Freiheit. Kilometer um Kilometer läuft er in Richtung Westen: zuerst über eine Elbbrücke und durch einen Wald, dann mitten in der Nacht durch **Magdeburg** und am frühen Morgen über die **ehemalige**[6] Grenze zwischen dem Westen und dem Osten Deutschlands.

Nur **ab und zu**[7] macht er eine Pause, um zu essen oder zu trinken. Fast nie sieht er einen Menschen. Und wenn es dann doch mal passiert, geht dieser einfach an ihm vorbei.

Magdeburg ist eine Stadt im Osten Deutschlands. Sie liegt am Fluss Elbe.

das Ferkel – Kind eines Schweins

der Fleck – (hier:) kleine Stelle auf der Haut mit einer anderen Farbe

Am Mittwoch sucht Bäuerin Pietsch nicht mehr länger nach Fleck, auch wenn er ihr immer noch fehlt. Sie erinnert sich noch genau an den Tag, an dem er geboren wurde. Damals war ihr Mann noch jeden Tag mit ihr im Stall. Und er war es auch, der dem kleinen **Ferkel** seinen Namen gab. „Schau mal, es hat ganz viele **Flecken**. Das sieht lustig aus und ist ein guter Name für den Kleinen. Wir nennen ihn einfach Fleck." In den Jahren danach ist Fleck ihnen richtig **ans Herz gewachsen**[8]. Fleck wurde sogar zu ihrem Lieblingsschwein und durfte nie **geschlachtet**[9] werden. Nun ist Fleck nicht mehr da. Ab und zu macht Bäuerin Pietsch einen Moment Pause und fragt sich: ‚Fleck, wo bist du nur?'

das Fernglas – Gerät, mit dem man weit oder genau schauen kann

Am Donnerstag ziehen weiße Wolken über den **Teutoburger Wald**[10] und die **Preußische Velmerstot**[11]. **Försterin**[12] Jensen steht auf dem **Eggeturm**. Durch ihr **Fernglas** sieht sie etwas, was sie sehr komisch findet: ‚Ist das etwa ein Albino-**Wildschwein**?'

der Eggeturm – Aussichtsturm auf der Preußischen Velmerstot

das Wildschwein – nicht domestizierter Verwandter des Schweins

5 **Der Weg ist das Ziel.** – (idiom.) Der Weg ist wichtiger als das Ziel.

6 **ehemalig** – früher, nicht mehr aktuell

7 **ab und zu** – manchmal

8 **jmdm. ans Herz gewachsen sein** – (idiom.) man ist lange mit jmdm. zusammen und mag ihn mit der Zeit immer mehr

9 **schlachten** – ein Tier töten, um es zu essen

10 **der Teutoburger Wald** – Naturpark mit Wald in der Nähe von Bielefeld

11 **die Preußische Velmerstot** – höchster Berg im Eggegebirge

12 **die Försterin** – Frau, die sich beruflich um den Wald kümmert

Nach ein paar Minuten steht sie schon unten im Wald. Ganz vorsichtig geht sie an die Gruppe Wildschweine heran und macht ein paar Fotos.

Den ganzen Freitag über ist Bäuerin Pietsch voller **Vorfreude**[13]. Am späten Abend ist ihre Tochter Clara endlich da. Sofort nach der Begrüßung fragt diese: „Hast du das schon gesehen?" Sie holt ihr Tablet aus der Tasche und zeigt ihrer Mutter ein Foto von einem Hausschwein, das mit einer großen Gruppe Wildschweine im Wald umherläuft. Bäuerin Pietsch schaut Clara an. „Das ... das ist doch mein Fleck!" Clara sagt erst einmal nichts. Nach einer Weile fragt sie: „Meinst du, dass er dort glücklich ist?"

Am Samstag spaziert Fleck durch den Teutoburger Wald und versucht, alles so zu machen wie seine neuen Freunde – **Eicheln fressen** zum Beispiel. Wie gut die schmecken! Die Wildschweine akzeptieren ihn, auch wenn er anders aussieht. Er **grinst**[14] zufrieden und denkt: ‚Wie schön es hier ist! Endlich Freiheit. **Schwein gehabt**[15]!'

13 **die Vorfreude** – man freut sich auf etwas, das noch kommt
14 **grinsen** – stark lächeln
15 **Schwein gehabt!** – (idiom., ugs.) Glück gehabt!

6 NÜRNBERGER NÄCHTE

Schau dasd ham kummsd, sunsd hould di fei der Nachdgicher.

„Was heißt das?“ Helge zeigt auf das Schild aus **Holz**. Ich gehe ein bisschen näher heran, lese und übersetze den Nürnberger Dialekt: „Sieh zu, dass du nach Hause kommst, sonst holt dich der **Nachtgiger**.“

das Holz – Material von Bäumen, braucht man für Möbel

der Nachtgiger – Monster aus einer Nürnberger Legende

„Der Nachtgiger!? Wer ist das denn?“ Helge kommt aus Lübeck und wohnt erst seit zwei Jahren hier. Vom Nachtgiger hat er noch nie etwas gehört. Also erkläre ich es ihm: „Das ist nur eine Nürnberger Geschichte. Wie der Name schon sagt, kommt der Nachtgiger vor allem nachts, wie ein Vampir. Er ist schwarz, hat **Flügel** und holt Kinder, die **frech**[1] oder noch alleine auf den Straßen unterwegs sind. In die Häuser kann der Nachtgiger aber nicht kommen, er bleibt immer draußen.“ Helge sieht mich an und **grinst**[2]: „Jetzt hast du mir aber Angst gemacht.“

der Flügel – Arme von Vögeln, zum Fliegen

Seit vielen Jahren habe ich ein **Antiquitätengeschäft** in der Nürnberger Altstadt. Vor zwei Tagen kam ein älteres Ehepaar zu mir. Sie ziehen weg aus Nürnberg zu ihrem Kind nach Düsseldorf und müssen deshalb vieles verkaufen. „Unsere Familie

das Antiquitätengeschäft – Laden, in dem alte Möbel, Bilder usw. verkauft werden

1 **frech** – nicht lieb
2 **grinsen** – stark lächeln

hat eigentlich immer hier in Nürnberg gelebt", erklären sie mir traurig, „aber jetzt schaffen wir es nicht mehr allein." Ich gehe mit ihnen in ihre Wohnung und packe alte Sachen ein, die ich vielleicht noch verkaufen kann. Helge hilft mir dabei.

Unter den Sachen ist auch das alte Schild aus Holz, das Helge gefunden hat. Schön sieht es nicht aus, **wertvoll**[3] auch nicht. Trotzdem packen wir es ein. **Irgendwie**[4] habe ich das Gefühl, dass dies ein Fehler ist.

Wir bringen die Sachen zu meinem Laden an der Stadtmauer beim **Tiergärtnertor**. Mein Antiquitätengeschäft ist beliebt, unter den Kunden sind Nürnberger und Touristen. Immer wenn jemand in den Laden kommt, weiß ich sofort, wer etwas kaufen und wer nur schauen will. Heute verkaufe ich viel, nur für das Schild interessiert sich niemand. Gegen Abend schaue ich es mir noch einmal an. Sofort **läuft mir ein kalter Schauer über den Rücken**[5]. Schnell stelle ich es wieder weg, aber mit der **Rückseite**[6] nach vorne, so dass man die Schrift nicht lesen kann.

eins der Stadttore in Nürnberg

Das erste Dokument, in dem etwas von Nürnberg steht, stammt aus dem Jahr 1050.

An diesem Oktobertag wird es früh dunkel. Ein kalter Wind geht durch die Straßen und es regnet. Schnell gehe ich in die ‚Nürnberger Alm' und bestelle ein **Schäufele**. Hier in meinem **Stammlokal**[7] fühle ich mich wieder wohl. Und sicher.

Danach gehe ich noch ins **Bieramt**[8]. Hier treffen sich die alten Nürnberger. Ich bestelle ein Bier und höre Ralf zu, einem Historiker, Buchautor und **Stadtführer**[9]. Oft erzählt Ralf uns etwas Interessantes über Nürnberg. Heute geht es um einen **Fluch**[10] auf einem Nürnberger Holzschild. Dieses soll schon viele Jahrhunderte alt sein …

3 wertvoll – teuer

4 irgendwie – (hier:) ohne klaren Grund

5 Mir läuft ein kalter Schauer über den Rücken. – (idiom.) Ich bekomme Angst. Mir wird kalt vor Angst.

6 die Rückseite – ‚Rücken' von einem Bild, Gebäude usw.

7 das Stammlokal – Restaurant oder Kneipe, in das/die man oft geht

8 das Bieramt – Kneipe in der Nürnberger Altstadt

9 der Stadtführer – Person, die Touristen eine Stadt zeigt

10 der Fluch – böse Prognose für die Person, die einen Gegenstand hat oder in die Hand nimmt

das Schäufele

So wie das Schild, das jetzt in meinem Laden steht ... Aber ich sage nichts.
Spät in der Nacht gehe ich nach Hause. Doch heute ist alles anders als sonst. Als ich einmal nach oben zu den Sternen schauen will, sehe ich plötzlich einen dunklen **Schatten** über mir. Ich beeile mich. Jetzt nur schnell nach Hause! In meiner Wohnung lasse ich mich auf den Boden fallen, **wische mir den Schweiß ab**[11] und versuche, wieder langsamer zu atmen.

dunkles Bild, wenn Licht auf ein Ding oder eine Person fällt

der Schatten

Der nächste Morgen ist grau und **ungemütlich**[12]. Ich habe überhaupt keine Lust, heute den Laden aufzumachen. Trotzdem gehe ich hin.

Wegen des schlechten Wetters kommen nur sehr wenige Kunden. Abends erinnere ich mich nur noch an einen **seltsamen**[13] Mann. Wie er das Schild angeschaut hat! Minutenlang! Und dann hat er es wieder an seinen Platz gestellt, aber mit dem Text nach vorn. Den ganzen Nachmittag habe ich die Worte vom Nachtgiger vor Augen. Aber hingehen und das Schild anders hinstellen kann ich auch nicht. Ich weiß auch nicht warum.

Abends schließe ich die Tür des Geschäfts zu und will gerade nach Hause gehen. Da sehe ich Kinder, die sich Vampirkostüme angezogen haben. Nur kurz schaue ich auf ihre Masken und sie auf mein **blasses**[14] Gesicht. Dann hole ich Luft und gehe langsam nach Hause. In der nächsten Straße sehe ich wieder diesen Schatten. ‚Der Nachtgiger', denke ich und laufe weg, doch der Schatten bleibt immer hinter mir. ‚Nichts wie weg',

der Drachen

(hier:) Tuch in Tierform an einer Schnur, das vom Wind oben gehalten wird

denke ich und laufe noch schneller, aber dann **stolpere**[15] ich und falle. Mir **wird schwarz vor Augen**[16].

Wie lange ich auf der Straße gelegen habe, weiß ich nicht. Als ich wieder wach werde und den Kopf hebe, merke ich, dass mich jemand mitnimmt. Der Schatten! Der Nachtgiger? Der Nachtgiger!

Später liege ich in einem Bett. Mein Kopf tut weh. Wie lange ich wohl geschlafen habe? Und wo ist der Nachtgiger? „Hallo?", rufe ich. Nach ein paar Sekunden kommt ein Mann mit einem Glas Wasser und einer Kopfschmerztablette. „Es tut mir wirklich leid. Das war mein Fehler!", sind seine ersten Worte. Ich bin ganz **durcheinander**[17]. „Warum entschuldigen Sie sich denn? Wofür?", frage ich ihn.

„Wir haben Ihnen Angst gemacht. Sie sind mitten in eine **Probe**[18] unserer Theatergruppe gekommen. Sie müssen wissen, wir üben gerade für **Halloween**[19]. Mit unseren **Drachen** wollen wir die verschiedenen Nürnberger Legenden vorstellen. Unser Nachtgiger ist wohl sehr realistisch!?"

Das kann man wohl sagen[20] ...

11 **sich den Schweiß abwischen** – salziges Wasser auf der Haut wegmachen
12 **ungemütlich** – (vom Wetter:) nass und kalt
13 **seltsam** – nicht normal
14 **blass** – ohne Farbe, weiß
15 **stolpern** – unsicher gehen und (fast) fallen
16 **jmdm. wird schwarz vor Augen** – jmd. sieht nichts mehr und schläft ein
17 **durcheinander** – (hier:) ohne etwas zu verstehen, irritiert
18 **die Probe** – Übung einer Theater- oder Musikgruppe
19 **(das) Halloween** – kein traditionelles deutsches Fest, feiert man aber seit ein paar Jahren
20 **Das kann man wohl sagen** – (idiom.) Das stimmt wirklich! Da haben Sie recht!

7 DER VIRENFÄNGER VON HAMELN

„Da geht gar nichts mehr."

Der **Bürgermeister**[1] von Hameln zeigt auf seinen schwarzen Monitor. Neben ihm steht einer seiner Männer, der Chef der **IT-Abteilung**[2]. Böse schaut ihn der Bürgermeister an und sagt:

„Wie ist das möglich, Herr Schmitz? Bringen Sie das in Ordnung. Und zwar sofort!"

Herr Schmitz geht in sein Büro und telefoniert. Eine Nummer nach der anderen ruft er an. Ansonsten ist es ganz leise. All seine Mitarbeiter versuchen, das Problem zu lösen. Nach vielen langen Telefonaten setzt sich Herr Schmitz selbst an seinen Computer und sucht nach einer Lösung für das Problem. **Ab und zu**[3] bekommt er einen Anruf von einem Kollegen. Doch niemand **weiß Rat**[4].

„Wir können nichts finden."

„Wie bitte?" Der Bürgermeister kann gar nicht glauben, was Herr Schmitz da sagt. Bis jetzt hat der IT-Mann noch jedes Problem gefunden und gelöst. Und das ist ja auch sein Job. Langsam steht er auf und geht auf Herrn Schmitz zu. Auf einmal fühlt er sich sehr müde. „Wie kann das sein? Sie haben doch zwei Tage gearbeitet. Und jetzt sagen Sie mir, dass es immer noch keine Lösung gibt?"

Herr Schmitz ist nervös. So etwas ist ihm wirklich noch nie passiert. „Wissen sie, wir haben es hier mit einem sehr **ungewöhnlichen**[5] **Virus**[6] zu tun. Mein ganzes Team hat **rund um die Uhr**[7] nach der Lösung gesucht. Mit den besten Experten in ganz Deutschland habe ich mich beraten. Aber nichts hat geholfen."

„Raus!"

Schnell geht Herr Schmitz aus dem Büro. Der Bürgermeister bleibt allein zurück und **denkt nach**[8]. „Und nun?" Sein Monitor ist und bleibt schwarz. Im Internet kann er also nicht suchen. Deshalb greift er nach seinem guten, alten Telefonbuch, blättert lange darin herum und **greift** dann **zum** Apparat. Lange spricht er mit verschiedenen Leuten. Ganz am Ende sagt er: „Ja, Ihre besten Spezialisten. Nach Hameln. Ins Rathaus. Und ja: heute noch! Danke."

1 **der Bürgermeister** – wichtigster Politiker in einer Stadt

2 **die IT-Abteilung** – Gruppe in einer Firma, die sich um die Computer kümmert

3 **ab und zu** – manchmal

4 **Rat wissen** – ein Problem lösen können

5 **ungewöhnlich** – nicht normal

6 **der/das Virus (Pl.: die Viren)** – (hier:) Problem, „Krankheit" eines Computers nach einer Attacke

7 **rund um die Uhr** – die ganze Zeit, ohne Pausen

8 **nachdenken** – lange und viel denken, um eine Lösung für ein Problem zu finden

Inzwischen gibt es immer mehr Probleme: **Ämter**[9] finden die gewünschten Informationen nicht, die Tourismus-Webseite reagiert nicht mehr und auch die Fahrkarten-Automaten funktionieren nicht. Endlich kommen die Spezialisten in Hameln an. Es sind mehr als 30 Personen. Lange versuchen sie, das Problem zu finden. Immer wieder treffen sie sich und diskutieren. Und dann probieren sie es weiter. So geht das viele Stunden lang. Mitten in der Nacht geht der Teamchef zum Bürgermeister. Der wollte warten, bis die Experten fertig sind und sitzt deshalb immer noch in seinem Büro.

„Ich muss sie **enttäuschen**[10]. Wir können nichts machen."

Der Bürgermeister hält sich die Hände vors Gesicht, **nickt**[11] nur schwach und verabschiedet den IT-Experten. Dann geht er nach Hause, um vielleicht doch endlich zu schlafen. Auf dem Weg ist es dunkel. Alle **Straßenlaternen** sind aus. Im Badezimmer merkt er, dass es auch kein Wasser mehr gibt.

Am nächsten Morgen geht die Sonne auf, die Vögel **zwitschern**[12], ein schöner, warmer Tag fängt an. Die Kinder gehen zur Schule. Auch sonst ist alles wie immer, nur die Computer, die funktionieren immer noch nicht. Da kommt ein Mann mit bunter, etwas ungewöhnlicher Kleidung in die Stadt. Ganz ruhig geht er an den schönen **Fachwerkhäusern** in der Altstadt von Hameln vorbei, direkt zum Rathaus, die Treppen hinauf und ins Büro des Bürgermeisters.

„Ich bin **Virenfänger**[13] und kann Ihnen bestimmt helfen."

Der Bürgermeister schaut ihn an und denkt: ‚So, wie der aussieht, kann der gar nichts. Aber ich weiß wirklich nicht mehr, was

ich noch machen soll.' Also sagt er: „Dann **machen** Sie **sich an die Arbeit**[14]." Doch der Virenfänger geht noch nicht. Er steht da und wartet auf irgendetwas. „Ist noch was?", fragt der Bürgermeister. „Ich würde gerne noch über mein **Honorar**[15] sprechen", antwortet der Virenfänger. Als er sagt, wie viel er haben möchte, wird der Bürgermeister **blass**[16]. Er denkt: ‚So viel? Das können wir **uns** gar nicht **leisten**[17].' Trotzdem nickt er.

Der Virenfänger arbeitet nur kurz an seinem Laptop. Nach noch nicht einmal fünf Minuten steht er wieder im Büro des Bürgermeisters. „Sie können Ihren Computer jetzt

9 **das Amt, Plural: die Ämter –** Institution eines Staates, einer Region oder einer Stadt
10 **enttäuschen –** nicht das sagen können, worauf jmd. gewartet hat
11 **nicken –** den Kopf nach oben und unten bewegen, als Signal für ‚Ja'
12 **zwitschern –** (bei Vögeln:) singen
13 **der Virenfänger –** (hier:) Person, die Computerviren wegmacht
14 **sich an die Arbeit machen –** (ugs.) mit der Arbeit beginnen
15 **das Honorar –** Geld für eine Arbeit, die nur einmal gemacht wird
16 **blass –** ohne Farbe, weiß
17 **sich leisten können –** etw. ist nicht zu teuer, man kann es bezahlen

anmachen." Der Bürgermeister tut, was der komische Mann sagt. Und wirklich: Der Computer geht wieder. Wie ist das nur möglich? In so kurzer Zeit? „Sie sind sicherlich damit einverstanden, dass wir Ihr Honorar bei der kurzen Arbeitszeit etwas **anpassen**[18]", sagt der Bürgermeister.

„Nein."

Ganz ruhig steht der Virenfänger vor dem Bürgermeister und wartet auf das vereinbarte Honorar. Doch der gibt ihm nur 100 Euro und meint noch: „Das ist doch ein guter **Stundenlohn**[19]." ‚Natürlich', so denkt der Bürgermeister, ‚kommt jetzt erst einmal Protest'. Doch der Virenfänger sagt kein Wort und geht. Als er wieder an seinem Schreibtisch sitzt, sieht der Bürgermeister, dass die 100 Euro immer noch da liegen, wo er sie hingelegt hat. ‚Na, das ist ja noch besser.' Zufrieden setzt sich der Bürgermeister an seinen Computer und fängt an zu arbeiten. Alles läuft wieder. Ein Glück! Nach dieser dreitägigen Pause gibt es viel zu tun.

Ein paar Wochen später denkt niemand mehr an den komischen Mann, der das Virusproblem so schnell und dazu auch noch kostenlos lösen konnte. Es ist Sommer, für die Kinder haben die Ferien angefangen. Am 26. Juni sitzt die Tochter des Bürgermeisters in ihrem Zimmer und schaut auf ihren Computer. Sie chattet gerade mit ihren Freunden, als auf ihrem **Bildschirm** ein **Fenster**[20] aufgeht. Sie liest. Dann macht sie den Computer aus, geht zu ihrem Schrank und packt ihre Kleidung in einen Rucksack.

Am Abend kommt der Bürgermeister nach Hause. Seine Frau wartet schon auf ihn. Der Bürgermeister sieht gleich, dass

irgendetwas nicht in Ordnung ist. „Lisa ist weg. Ihre Freundin Sophie auch. Und Emma. Julian, Linus und David sind auch **verschwunden**[21]. Was ist nur passiert?"

Wenig später sitzen der Bürgermeister, seine Frau und viele weitere Eltern bei der Polizei. 130 Kinder sind weg. Sie haben nur ihre Rucksäcke und Kleidung für ein paar Tage mitgenommen. In Hameln wird man sie nie wieder sehen.

Doch den komischen Virenfänger hat man kurz danach noch einmal gesehen. Da ist er über ein Feld gewandert und hat auf einer kleinen **Flöte** gespielt.

einfaches Musikinstrument mit Löchern für die Finger, das man mit Luft spielt

Sie meinen vielleicht: Diese Geschichte kenne ich doch! Dann denken Sie bestimmt an die Geschichte vom **Rattenfänger von Hameln**. Darin kommt 1284 ein Mann nach Hameln, um alle Ratten aus der Stadt zu holen. Auch er bekommt das versprochene Geld nicht. Am 26. Juni kommt er noch einmal in die Stadt und spielt auf seiner Flöte. Sofort laufen alle Kinder aus den Häusern und gehen hinter dem Mann her und aus der Stadt hinaus. Die Kinder hat man nie wieder gesehen.

18 **etw. (Akk.) anpassen** – so ändern, dass es zu etwas anderem passt

19 **der Stundenlohn** – Geld für eine Stunde Arbeit

20 **das Fenster** – (hier:) der Teil des Browsers, wo man eine Webseite sieht

21 **verschwinden** – weggehen, nicht mehr da sein

8 HEIMWEH[1] NACH MEXIKO

Ich habe eine halbe Europareise hinter mir: zuerst Madrid, dann Wien, danach Basel und jetzt Stuttgart. Wer ich bin? Ich heiße Anita und komme aus Mexiko.

Heute habe ich ein wichtiges **Vorstellungsgespräch**. Ich habe mich bei einem **Verlag**[2] in Stuttgart als Redakteurin beworben. Da kommt auch schon die Chefin. Ich bin furchtbar nervös. Aber **es läuft gut**[3], wir sprechen mehr als eine Stunde. Ob ich die Stelle wohl bekomme? Es ist wirklich mein Traumjob ...

Einen Tag später bin ich wieder in Basel und warte und warte auf den Anruf. Wann meldet sich der Verlag denn endlich bei mir? Besonders **geduldig**[4] war ich noch nie.

Nach einer Woche klingelt das Telefon. Eine Nummer aus Stuttgart. Na, das wurde auch mal Zeit! Am Apparat ist eine Frau, die ich nicht kenne. Aber sie sagt mir, dass ich die Stelle habe: Juhu! Ich kann es gar nicht glauben. Ich habe meinen Traumjob! Und in drei Wochen kann ich schon anfangen!

Vier Tage vor meinem ersten Arbeitstag komme ich nach Stuttgart. Eine Wohnung habe ich noch nicht, am Anfang wohne ich im Hotel. Doch lange will ich dort nicht bleiben. Ich suche eine Wohnung und habe deshalb einen Termin nach dem anderen. Trotzdem telefoniere ich lange und oft mit meiner Familie und meinen Freunden. Denn irgendwie habe ich Heimweh nach Mexiko.

Dann kommt mein erster Arbeitstag. Meine Kollegen sind alle sehr nett, aber ich bin eher **schüchtern**[5]. Für mich ist ja alles noch so neu! Mittagspause, alle sagen: „**Mahlzeit**[6]." In der **Kantine** sitze ich lieber allein. Doch da kommt Sarah, meine Chefin. Die kenne ich ja schon vom Bewerbungsgespräch. Zum Glück setzt sie sich zu mir – und sie fängt gleich an zu singen:
„Ich fand sie irgendwo, allein
in Mexiko. Anita – Anita."

1 **das Heimweh** – man ist traurig, weil einem die Heimat fehlt

2 **der Verlag** – hier werden Bücher, Zeitungen oder Zeitschriften gemacht

3 **es läuft gut** – es gibt keine Probleme

4 **geduldig** – man kann gut warten und wird nicht nervös

5 **schüchtern** – vorsichtig; man hat Angst, mit anderen zu sprechen

6 **Mahlzeit!** – (hier:) Gruß der Kollegen, wenn man auf der Arbeit essen geht

Dann hört sie wieder auf zu singen und sieht mich an. „Kennst du das Lied?“, fragt sie. Nein, das Lied habe ich wirklich noch nie gehört. Sarah lacht: „Nur ein alter deutscher **Schlager**[7]. Dann sieht sie auf meinen vollen Teller. Wie schmeckt dir das Essen?“, fragt sie weiter. „Gut“, antworte ich höflich. Aber Sarah sieht mich an und lacht wieder. Ich glaube, für sie ist mein Gesicht wie ein Buch. „Das Essen hier schmeckt niemandem. Dir auch nicht, oder?“ Ich mag Sarah, vielleicht gerade weil sie so viel Temperament hat und irgendwie ein bisschen **verrückt**[8] ist.

Endlich habe ich eine Wohnung gefunden! Sie ist nicht groß, aber sie gefällt mir. Am Ende fragt mich der Vermieter: „Sie wissen, was die Kehrwoche ist?“ Ich sage: „Ja, ja, natürlich!“ – obwohl ich überhaupt keine Ahnung habe. Ich darf nicht vergessen, Sarah danach zu fragen. Die weiß es **bestimmt**[9].

Langsam **lebe** ich mich **ein**[10]. Auf der Arbeit läuft alles gut. Wir produzieren Schulbücher, ich bin Redakteurin für Spanisch. In der Freizeit fahre ich durch Stuttgart und sehe mir alle Sehenswürdigkeiten an. Am besten gefällt mir die **Weißenhofsiedlung**. Ich mag moderne Architektur und die Häuser erinnern mich an Mexiko. Doch das Heimweh, das bleibt.

Doch das Heimweh, das bleibt.

Heute bin ich mal wieder in der Kantine. Mal wieder schmeckt es nicht. Und mal wieder kommt Sarah vorbei. Ein Glück! Es gibt doch so vieles, was ich noch nicht weiß und verstehe. Ich fange auch gleich an: „Du Sarah, kann ich dich mal was fragen?" Sie antwortet: „**Nur zu.**[11]" Die Sache mit der Kehrwoche muss noch warten. Wichtiger ist mir eine andere Frage: „Welches Essen ist denn typisch für Stuttgart? Bis jetzt habe ich nur mexikanisch gekocht. Und ..." Sarah fragt: „Und?" „Und das hilft auch nicht gegen mein Heimweh." Am Nachmittag gibt Sarah mir eine lange Liste mit Spezialitäten. „Das schmeckt dir bestimmt", sagt Sarah, „aber ein Rezept gegen dein Heimweh ist leider nicht dabei."

Spezialität aus Schwaben, Nudeln mit Käse und Zwiebeln

die Kässpätzle (Pl.)

Spezialität aus Schwaben, mit Fleisch oder vegetarisch gefüllte Nudeln, ähnlich wie Ravioli

die Maultasche

In den nächsten Tagen gehe ich oft essen. Und ich muss sagen, dass mir die Spezialitäten wirklich schmecken. Am liebsten esse ich **Kässpätzle** und **Maultaschen**. Lecker! Trotzdem denke ich oft an Mexiko und werde jedes Mal traurig dabei.

7 **der Schlager** – Hit, beliebtes Lied
8 **verrückt** – nicht normal
9 **bestimmt** – ganz sicher, zu 100 %
10 **sich einleben** – eine neue Heimat besser kennenlernen
11 **Nur zu.** – Aber natürlich. Ich höre.

die Wilhelma

zoologisch-botanischer Garten im Stuttgarter Stadtteil Bad Cannstatt

Nur wenn ich in der **Wilhelma** sitze, fühle ich mich besser. Komisch, oder?

Zwei Wochen später sitze ich in der Kantine, Sarah ist auch da. „Wie haben die Spezialitäten geschmeckt?", fragt sie. „Fantastisch", antworte ich, „aber ich habe leider ein paar Kilo **zugenommen**[12]." „Komm doch mal bei mir vorbei", sagt Sarah und lacht mal wieder. „Da musst du ein bisschen Sport machen." Ich verstehe nicht, was sie meint, schreibe mir aber ihre Adresse auf: in der Wagenburgstraße, am Ende der **Eugenstaffel**.

lange Treppe in Stuttgart

In Stuttgart gibt es mehr als 400 Treppen, die die Straßen miteinander verbinden. Sie heißen **Stäffele**.

Es ist Samstag, heute gehe ich zu Sarah. Vorher will ich aber noch ein kleines Geschenk für sie kaufen: ein Kochbuch mit mexikanischen Spezialitäten.

Ich öffne die Wohnungstür und sehe ein Schild. **Kehrwoche** steht darauf. Oh nein! Ich habe ja ganz vergessen, Sarah danach zu fragen. Also gehe ich gleich zum Telefon, rufe Sarah an und frage, was das ist. Sie lacht mal wieder und sagt. „Du Arme! Kehrwoche heißt: Du musst heute das ganze

schwäbische Tradition, am Samstagnachmittag muss einer der Mieter den Hausflur und die Treppen putzen, am nächsten Samstag ein anderer Mieter

alle Treppen in einem Haus vom untersten bis zum obersten Stock

Treppenhaus putzen." Auch das noch! Schnell putze ich alles und renne los, um das Geschenk zu besorgen.

es geht stark nach oben oder unten

Ich steige beim Hauptbahnhof aus dem Bus aus und gehe die Eugenstaffel hoch. Ist die aber lang - und **steil**! Ich glaube, heute habe ich wirklich ein paar Kilo **abgenommen**[13]. Oben angekommen gebe ich Sarah das Geschenk. Sie freut sich und nimmt mich mit in die Küche. Das Essen ist noch nicht ganz fertig. Also helfe ich ihr und wir reden ein bisschen. „Weißt du, wann es bei mir mit dem Heimweh besser ist?", frage ich sie. „Nein, wann denn?" „Wenn ich in der Wilhelma sitze. Dort bin ich manchmal am Wochenende, ich habe sogar eine Jahreskarte gekauft. Aber ich verstehe nicht, warum ich dort kein Heimweh habe." „Hmm", antwortet Sarah, „vielleicht erinnern dich die Gebäude an Mexiko?"

grüner Papagei aus Brasilien, Peru, Mexiko, Trinidad, Venezuela und Kolumbien; in Stuttgart gibt es die einzige freilebende Population außerhalb Amerikas

Etwas später essen wir. Sarah hat Maultaschen gemacht. Plötzlich fängt sie an zu lachen. „Warum lachst du?", frage ich. „Jetzt weiß ich, warum du dort kein Heimweh hast! In der Nähe der Wilhelma lebt eine Kolonie von **Gelbkopfamazonen**. Diese Papageien kommen aus Mexiko. Und sie sind sehr laut. Bestimmt hast du sie gehört und dich gleich wie zu Hause gefühlt." Und ich denke: 'Na, wenn die mexikanischen Papageien hier kein Heimweh haben, dann muss ich ja eigentlich auch keins mehr haben.'

12 **zunehmen** – dicker werden
13 **abnehmen** – dünner werden

Stuttgart

... ist eine Großstadt im Südwesten Deutschlands und bekannt für ihre Automarken, die Baustelle „Stuttgart 21“, den starken Verkehr und die schlechte Luft. Aber die Stadt hat auch ihre schönen Seiten!

Im Herzen Stuttgarts liegt der **Schloßplatz** mit dem **Neuen Schloss**. Hier haben früher die württembergischen Könige gelebt. Heute findet man dort einige Ministerien und ein Museum.

Das **Neue Schloss** wurde zwischen 1746 und 1807 gebaut. Gleich daneben liegt das **Alte Schloss**. Dieses gibt es schon seit dem Jahr 950.

Wenn Sie nach Stuttgart kommen, sehen Sie den ersten (!) **Fernsehturm** der Welt. Seit 1956 garantiert er, dass alle Stuttgarter ihre Fernseh- und Radioprogramme bekommen können.

Der Turm ist **217 m** hoch und steht auf einem Berg im Stadtteil **Degerloch**. Mit dem Aufzug erreicht man den Aussichtsbalkon in nur 35 Sekunden. Bei klarem Wetter hat man einen fantastischen Blick und kann sogar bis zur **Schwäbischen Alb** sehen.

Seit 2011 haben die Bücher der **Stadtbibliothek** ein neues Zuhause. Der moderne Bau stammt vom koreanischen Architekten **Eun Young Yi**. Besonders toll ist der Innenraum der Bibliothek, der über vier Stockwerke geht.

Die **Jubiläumssäule** ist 30 m hoch und wurde 1841 zum 60. Geburtstag von König Wilhelm I. gebaut. Oben auf der Säule steht eine Figur der römischen Göttin **Concordia**.

Die Bibliothek hat die Form eines großen Quaders. Das gefällt nicht jedem. Deswegen nennen manche die Bibliothek ironisch auch **Bücherknast**. Ein Knast ist ein Haus, in dem Kriminelle bleiben müssen.

Zu Stuttgart gehört auch der **Erbschleicherexpress**. So nennen die Stuttgarter ihre Standseilbahn, die von der Südstadt zum Waldfriedhof fährt. Sie ist Teil des öffentlichen Verkehrssystems. Deshalb kosten die Fahrkarten nicht mehr als in normalen Bussen oder Bahnen.

Die historische Bahn stammt aus dem Jahr 1929. Der Wagen auf dem Bild ist noch das Original, wird aber auch heute noch von vielen Stuttgartern genutzt, um zur Arbeit zu kommen. Die Bahn fährt nur 536 Meter und die Fahrt dauert nur 4 Minuten. In dieser kurzen Zeit steigt die Bahn aber 87 Meter hoch.

9 EIN URLAUB VOLLER ANGST

durch Wolken komplett grau

„Bis in die Nacht hinein wird es noch regnen, ab morgen dann kein Regen mehr. Der Himmel bleibt aber **bedeckt** und in den Bergen **tritt** Nebel **auf**[1]." Kilian schaltet das Autoradio aus. „Wir haben uns so auf den Urlaub gefreut", sagt Corinna traurig.

„Naja, wenigstens gibt es keinen Regen mehr", **muntert** Kilian sie **auf**[2]. „Wegen des schlechten Wetters sind wir beim Wandern vielleicht ganz allein. Und das ist doch auch nicht schlecht."
Und so ist es auch: Als sie auf den Parkplatz des Wanderhotels fahren, steht dort sonst kein anderes Auto.
Sie gehen zur Rezeption, aber dort ist auch niemand. Also klingeln sie – und warten. Endlich kommt ein Mann **um die fünfzig**[3], schaut sie an und sagt: „Sie müssen die Schreibers sein." Ohne ein weiteres Wort gibt er ihnen die Schlüssel und geht wieder ins Nebenzimmer.

„Naja", sagt Kilian im Zimmer, „wenigstens ist es sauber." Corinna **ist mit den Gedanken ganz woanders**[4]: „Du, Kilian, ich habe Hunger."

Unten gibt es ein Restaurant. Obwohl Platz für viele Leute ist, ist hier auch niemand. Sie hören ihre eigenen Schritte und den Regen vor den Fenstern, sonst nichts. Durch das graue Wetter ist es auch ziemlich dunkel. Plötzlich sieht Corinna zwei Augen und **erschrickt**[5]. „Kilian, da sitzt jemand", **flüstert**[6] sie. Mit der Zeit **gewöhnen sich** ihre Augen **an**[7] die Dunkelheit und sie sehen, dass sie doch nicht ganz allein im Restaurant sind. In einer Ecke sitzt eine alte Frau an einem kleinen Tisch. Sie ist etwas komisch gekleidet und bewegt sich überhaupt nicht. ‚Vielleicht ist sie ja tot. Nur hat es noch keiner gemerkt', denkt Corinna. Doch vor der Frau steht ein leerer Suppenteller auf dem Tisch. ‚Ruhig, ganz ruhig. Es ist alles in Ordnung', sagt sich Corinna immer wieder. Kilian möchte schon zu der Frau gehen, doch Corinna zieht ihn schnell zu einem anderen Tisch: „Komm, wir setzen uns hierhin." Hier können sie die Alte nicht sehen. Und die Alte kann sie auch nicht sehen.

Lange passiert nichts. Ob das Restaurant vielleicht doch geschlossen ist? Doch dann kommt endlich der Mann, den sie schon von der Rezeption kennen. Er bringt die Karten und fragt kurz: „Etwas zu trinken?" Naja, besonders freundlich war der Mann vorhin ja auch nicht.

1 **auftreten -** (hier:) kommen
2 **jmdn. aufmuntern -** etwas Positives sagen, wenn jmd. traurig ist
3 **um die fünfzig -** etwa fünfzig Jahre alt
4 **mit den Gedanken (ganz) woanders sein -** (idiom.) nicht zuhören, weil man an etwas anderes denkt
5 **erschrecken -** plötzlich Angst haben
6 **flüstern -** leise sagen
7 **sich an etw. (Akk.) gewöhnen -** keine Probleme mehr mit etw. (Dat.) haben

Also bestellen die beiden schnell: „Für mich ein Bier." „Und für mich einen Tee." „Gut", sagt der Mann, bleibt aber neben ihrem Tisch stehen. ‚Irgendetwas stimmt hier nicht', denkt Corinna. Langsam wird sie nervös und wählt deshalb das **erstbeste**[8] Gericht. „Ich nehme die Fleischbällchen mit Bauernbrot." „Und ich nehme den **Hasentopf**[9]", bestellt Kilian. Endlich geht der Mann in die Küche.

„Also, geschmeckt hat es schon", sagt Kilian nach dem Essen und schiebt den Teller von sich. Dann schaut er Corinna an: „Was ist denn passiert? Du bist ja ganz weiß im Gesicht." In dem Moment bemerkt auch Kilian, dass die Alte sich zu ihnen an den Tisch gesetzt hat. Ihr Gesicht ist **kaum**[10] zu sehen. Doch plötzlich fängt sie an zu sprechen. Man hört, dass sie keine Zähne mehr hat. „Ihr wollt auf den **Blocksberg**?" **Anscheinend**[11] hat sie die ganze Zeit zugehört und kennt nun ihre Pläne für die nächsten Tage. Das gefällt Corinna gar nicht. „Dort oben haben früher mal **Hexen** gewohnt. Aber die Leute haben sie nicht gemocht. Deshalb haben sie sie **verbrannt**[12]. Viele Hexen sind im Feuer gestorben. Doch tot sind sie nicht. Noch heute **spuken**[13] sie auf dem Blocksberg.

die Hexe

böse Frau aus Kindergeschichten

der Blocksberg

alter Name für den Berg Brocken; früher hat man geglaubt, dass es hier Hexen gibt

Und das nicht nur nachts. Sogar mitten am Tag kann man sie dort treffen." Corinna ist immer noch weiß im Gesicht. Selbst Kilian, der alles immer so positiv sieht, fehlen die Worte.

„**Hütet euch vor**[14] dem Nebel", sagt die Alte noch. Dann steht sie auf und geht wieder an ihren Tisch.

In dieser Nacht wird Corinna immer wieder wach. Ihr Mund ist trocken und ihr Herz geht ganz schnell. Auch Kilian schläft schlecht.

Müde sitzen sie beim Frühstück. Plötzlich fängt Kilian an zu lachen. „Wir sind doch wirklich wie kleine Kinder. Haben Angst vor Hexen! Dabei haben wir doch eine schöne Wanderung vor uns." Er imitiert die Stimme der zahnlosen Alten: „Ihr wollt auf den Blocksberg? Hütet euch! Da spuken die Hexen!" Doch Corinna findet das gar nicht zum Lachen. Mit saurem Gesicht nimmt sie die Wanderkarte und zeigt Kilian den Weg: „Der **Heinrich-Heine-Weg** ist die schönste Tour auf den **Brocken**. Komm, gehen wir. Besser wird das Wetter nicht mehr."

8 **der/die/das erstbeste** – etw., das man spontan nimmt, ohne an anderes zu denken
9 **der Hasentopf** – typische Spezialität der Region Harz
10 **kaum** – fast nicht
11 **anscheinend** – es sieht so aus, dass
12 **jmdn./etw. verbrennen** – jmdn./etw. ins Feuer werfen
13 **spuken** – meist nachts zwischen 0 und 1 Uhr umherwandern
14 **sich vor etw. (Dat.) hüten** – aufpassen, dass man nicht in etw. (Akk.) kommt

Der Wetterbericht stimmt genau. Es regnet nicht. Und die Informationen auf ihrer Wanderkarte sind auch richtig: Der Wald im Ilsetal ist wirklich sehr schön. Doch in einem Punkt hatte der Wetterbericht leider auch recht: Vom Fluss her kommt Nebel und wird immer stärker. „Schade", sagt Kilian, „von hier aus kann man eigentlich schon den Brocken sehen. Aber ich sehe nichts als Nebel." Corinna schaut auf die Wanderkarte und zeigt mit dem Finger nach vorn. „Wir müssen in diese Richtung." Langsam wird der Weg **anstrengender**[15]. Der Nebel ist jetzt so stark, dass man kaum 10 Meter weit sehen kann. Kilian fängt wieder an, die Alte zu imitieren. „Das ist nicht lustig", meint Corinna. Wegen des Nebels können sie jetzt nur noch langsam gehen. Plötzlich bleibt Kilian ganz stehen. „Hast du das gehört?", fragt er. „Das ist nicht lu ...", sagt Corinna wieder, doch dann hört sie es auch: Es ist fast ein Singen. Oder hat da jemand gerufen? Corinna sieht Kilian an. „Das ist nur der Wind", **beruhigt**[16] er sie.

der Schatten

Dunkles Bild, wenn Licht auf eine Person fällt. Beim Brockengespenst fällt der Schatten auf Nebel. Dadurch sieht es so aus, als ob sich der Schatten bewegt.

Ohne noch ein Wort zu sagen, gehen sie weiter. Doch dann bleibt Corinna plötzlich stehen und greift nach Kilians Arm. „Kilian, Kilian", flüstert sie, „da." Sie zeigt auf etwas Dunkles, das ein bisschen wie ein Mensch aussieht. Nur irgendwie ganz dunkelgrau. Und um diese Person ist so ein komisches Licht.

das Brockengespenst

optischer Effekt, über den J. E. Silberschlag zum ersten Mal 1780 auf dem Brocken berichtet hat

An ruhiges Wandern ist jetzt nicht mehr zu denken. Sie laufen weg, in Richtung Bergspitze. Wegen des Nebels können sie kaum noch den Weg vor sich sehen. Doch sie schaffen es trotzdem. An der Wetterstation vorbei **stolpern**[17] sie zu dem kleinen Restaurant. Schnell öffnen sie die Tür und – was für ein Glück – sehen Menschen. Viele sind es zwar nicht, aber Corinna und Kilian sind **erleichtert**[18]. Sie bestellen beide einen heißen Tee und eine Erbsensuppe. Und dann, als ihnen wieder so richtig warm ist, erzählen sie, was sie gesehen haben. Der **Wirt**[19] fängt an zu lachen: „Wisst ihr denn nicht, was das war? Das **Brockengespenst**, euer eigener **Schatten**.

Das ist nichts weiter als ein optischer Effekt." Der Wirt kann gar nicht weiterreden, so sehr muss er lachen. Nach ein paar Minuten hat er sich wieder etwas beruhigt und meint: „Aber ihr **seid in guter Gesellschaft**[20]. Auch Goethe hatte Angst vor dem – buhu – Brockengespenst."

„Das hat gutgetan", sagt Corinna nach dem Essen. „Nur ein optischer Effekt." Sie **schüttelt den Kopf**[21] und lacht. Doch plötzlich schaut sie Kilian an: „Was ist denn passiert? Du bist ja ganz weiß im Gesicht." In dem Moment bemerkt auch Corinna, dass die Alte sich wieder zu ihnen an den Tisch gesetzt hat. Wie gestern ist ihr Gesicht kaum zu sehen. Und dann fängt sie mit ihrer ruhigen Stimme wieder an zu sprechen:

„Ihr habt das Brockengespenst gesehen? Wer es einmal sieht, der stirbt. Nur wer es zweimal sieht, der lebt."

15 **anstrengend** – schwer für den Körper oder den Kopf
16 **jmdn. beruhigen** – jmdm. die Angst nehmen
17 **stolpern** – unsicher gehen und (fast) fallen
18 **erleichtert** – froh, weil das, was einem Angst gemacht hat, weg ist
19 **der Wirt** – Chef eines Lokals oder Restaurants
20 **in guter Gesellschaft sein** – (idiom.) nicht der einzige sein
21 **den Kopf schütteln** – den Kopf nach links und rechts bewegen, Zeichen für ‚Nein' oder Zeichen, dass man etw. (Akk.) nicht glaubt

10 DAS LEBEN GEHT WEITER

die Kurve – runder Teil der Tribüne an den beiden Enden eines Stadions

das Waldstadion – Name des Fußballstadions, in dem der Fußballclub Eintracht Frankfurt spielt

Ich heiße Toni – nach **Anthony Yeboah**[1]. Seit ich laufen kann, spiele ich Fußball. So wie Anthony Yeboah. Und so wie mein Vater.

Einen Tag in meinem Fußballleben vergesse ich nie: Ich, ein Junge von 7 Jahren, stehe mit meinem Vater in der **Kurve** des **Waldstadions**. Vor uns liegt der große, grüne Platz mit meinen **Idolen**[2], den Spielern von der **SGE**[3]. Alle warten auf das Spiel. Und mein Vater sagt: „Du musst nur fleißig sein, dann kannst du alles schaffen.".

„Lebbe geht weider."

Warum mein Vater diese Worte gesagt hat, habe ich nicht so richtig verstanden. Klar, mein Vater hat früher als Profifußballer gearbeitet. Ein Jahr lang hat er in der **Bundesliga**[4] gespielt. Bei der **Eintracht** natürlich. Aber dann hat er sich verletzt und damit war seine Karriere vorbei.

Eintracht – Kurzform des Vereinsnamens SGE

„**Lebbe geht weider**[5]“, hat mein Vater immer gesagt, wenn meine Schwester und ich ihn gefragt haben, ob er nicht traurig ist, dass er nicht mehr so viel Fußball spielen kann.
Aber besonders traurig hat mein Vater eigentlich nie ausgesehen. Einmal hat er nach seinem Lieblingssatz noch etwas gesagt: „Meine Verletzung ist das Beste, was mir in meinem ganzen Leben passiert ist. Denn nur wegen meiner Verletzung habe ich eure Mutter kennengelernt.“ Und dann hat er gelacht. Meine Mutter ist Physiotherapeutin von Beruf und hat meinen Vater in der **Reha**[6] kennengelernt.

teurer und edler Sekt aus Frankreich

Groß geworden bin ich im reichen **Königstein**, in der Nähe von Frankfurt. Am Anfang seiner Karriere hat mein Vater hier ein Haus gekauft. Doch nach seiner Karriere hatten wir nie viel Geld. Mein Vater hat immer **gescherzt**[7]: „Königstein ist **Champagner. Äwwer mer sinn Äbbelwoi**[8].“

1 **Anthony Yeboah –** legendärer Fußballspieler beim Fußballclub Eintracht Frankfurt
2 **das Idol –** Star, an dem man sich orientiert
3 **SGE (kurz für: Sportgemeinde Eintracht Frankfurt) –** Fußballclub in der Bundesliga
4 **die Bundesliga –** höchste Spielklasse im deutschen Fußball
5 **Lebbe geht weider. –** (hessischer Dialekt:) Das Leben geht weiter. (Spruch des berühmten Frankfurter Trainers Dragoslav „Stepi“ Stepanović)
6 **die Reha –** (kurz für:) die Rehabilitation, medizinische Therapie nach einer Operation, Verletzung oder Krankheit
7 **scherzen –** als Witz sagen
8 **Äwwer mer sinn Äbbelwoi. –** (hessischer Dialekt:) Aber wir sind Apfelwein. (Spezialität aus der Umgebung von Frankfurt, relativ billig)

Königsstein ist eine Stadt in der Nähe von Frankfurt. Hier leben sehr viele Millionäre.

Serviert wird **Äbbelwoi** in einem Krug, der im Hessischen **Bembel** heißt. Das Glas heißt **Geripptes**.

Aber eigentlich hat sich mein Vater nie beschwert. Selbst dann nicht, als er **Krebs**[9] bekommen hat. Als ich 15 war, hat mein Vater mich an sein Bett geholt und lange mit mir gesprochen. Und das, obwohl er schon so schwach war und fast nicht mehr sprechen konnte. Es war ihm wichtig, mir noch **etwas mit auf den Weg zu geben**[10]: „Ich bin stolz auf dich. Du hast viel Talent und du bist fleißig. Aber du darfst dich immer nur auf das nächste Ziel konzentrieren, nicht zu viel auf einmal wollen. Du bekommst deine Chance. Du hast eine große Karriere vor dir. Das weiß ich genau." Zwei Tage später ist mein Vater gestorben. Seine letzten Worte waren: „Euer Leben geht weiter."

Natürlich waren wir alle sehr traurig. Aber mein Vater hatte recht: Unser Leben geht weiter. Und das heißt natürlich: In jeder freien Minute habe ich Fußball gespielt. Mit 17 Jahren habe ich meinen ersten Vertrag als Fußballprofi bekommen. Wie mein Vater bei der Eintracht. Am Anfang war alles super. Doch dann habe ich mich nicht mehr nur auf das nächste Ziel konzentriert. Ich wollte zu viel, habe mich verletzt und jetzt darf ich erst einmal nicht mehr spielen. Wie mein Vater. Natürlich gehe ich trotzdem zu allen Spielen meiner Mannschaft. Und wir spielen gut. Zehn Spiele vor dem Saisonende haben wir noch Chancen, **Meister**[11] zu werden. Zu dumm, dass ich jetzt nicht spielen kann. Der einzige Sport, den ich machen kann, sind meine Übungen ...

Meine Mutter kennt viele Übungen, um die **Muskeln** stärker zu machen und **beweglich**[12] zu bleiben. So wird es schnell besser mit der Verletzung.

elastischer Teil des Körpers, wichtig für alle Bewegungen

An einem Abend gehe ich mit meiner Mutter ins Ballett. Zuerst habe ich keine Lust, aber dann wird es besser als gedacht. Ich konzentriere mich auf die Bewegungen der Tänzer. Die sind ganz schön sportlich. Wie viele Muskeln die haben! Und wie beweglich die sind!

Für das letzte Spiel der Saison bin ich dann doch wieder fit. Aber weil ich so lange nicht gespielt habe, **sitze** ich nur **auf der Bank**[13]. Es gibt ein **Fernduell**[14] um die Meisterschaft. Unser Konkurrent, der FC Bayern, führt bald. Wenn wir jetzt noch Meister werden wollen, müssen wir unser Spiel gegen den SC Freiburg gewinnen. Meine Mannschaft spielt besser, aber ein **Tor** gibt es trotzdem nicht. Einmal schießen wir an die **Latte**. Dann an den **Pfosten** und ein paar Minuten später wieder an die Latte.

9 **der Krebs –** schwere Krankheit, bei der der Patient radioaktive Strahlen und starke Medikamente bekommt und trotzdem oft stirbt

10 **etw. mit auf den Weg geben –** (idiom.) etw. Wichtiges sagen, meistens von Eltern

11 **der Meister –** (hier:) am Ende einer Saison: erste Mannschaft in einer Liga

12 **beweglich –** elastisch, flexibel

13 **auf der Bank sitzen –** (im Fußball:) nicht spielen, aber in der Reserve sein

14 **das Fernduell –** zwei Mannschaften konkurrieren beim letzten Spiel um die Meisterschaft, spielen aber nicht gegeneinander

Dann kommt endlich ein Tor, aber leider nicht für uns. Der SC Freiburg **führt**[15] jetzt. Mein Trainer holt mich von der Bank und **wechselt** mich in der 87. Minute **ein**[16]. Bei meiner ersten Aktion mache ich direkt ein Tor. Damit steht es 1:1, das Stadion **jubelt**[17]. Aber wir brauchen noch ein Tor. Ich denke an meinen Vater. Was hat er immer gesagt? „Wichtig ist, dass du dich konzentrierst. Bis zum Ende des Spiels."

Der **Schiedsrichter** gibt vier Minuten **Nachspielzeit**[18]. In der 92. Minute laufe ich in Richtung Tor, ich bin sehr konzentriert. Doch vor mir stehen drei Spieler der Gegenmannschaft. Was soll ich nur machen? Wie komme ich an ihnen vorbei?

Plötzlich habe ich wieder das Ballett vor Augen. Ich mache eine Drehung, so wie ich es bei den Tänzern gesehen habe. Dann spiele ich einen **Pass** auf meinen Mitspieler und er macht das Tor. 2:1! Der Schiedsrichter beendet das Spiel und wir sind Meister. Zum ersten Mal seit 60 Jahren! Die Fans **toben**[19].

Ich schaue in den Himmel und denke für ein paar Sekunden nur an meinen Vater: „Diese Meisterschaft, Papa, ist für dich."

Den **Stadionsprecher**[20] höre ich gar nicht: „Jaaaa! Toooooor! Ich kann es selbst noch gar nicht glauben! Das ist die Meisterschaft für Eintracht Frankfurt, für unsere SGE. Zwei zu eins! Wir sind Meister! Der junge Toni macht es. Er **dreht das Spiel**[21]! Ja, ja, ja, meine Damen und Herren. Jaaaa! ..."

Die nächste Saison hat begonnen. Bei unserem ersten Spiel laufe ich ins Waldstadion ein und schaue auf die Tribüne. Für mich haben **sich** die Fans etwas Besonderes **einfallen lassen**[22]. Sie stehen mit dem Rücken zum Platz. So kann ich sehen, dass sie fast alle das **Trikot**[23] mit der Nummer 10 tragen. Das Trikot, das auch mein Vater immer getragen hat.

15 **führen** - mehr Tore als die andere Mannschaft haben

16 **jmdn. einwechseln** - von der Reserve ins Spiel schicken, dafür geht ein anderer Spieler vom Platz

17 **jubeln** - laut rufen, weil man sich freut

18 **die Nachspielzeit** - zusätzliche Zeit nach den regulären 90 Minuten, wegen Pausen

19 **toben** - (hier:) sehr laut und fröhlich feiern

20 **der Stadionsprecher** - Person, die ein Spiel im Stadion kommentiert

21 **das Spiel drehen** - zuerst hat die andere Mannschaft mehr Tore, dann hat die eigene mehr

22 **sich etwas einfallen lassen** - eine (meistens gute) Idee haben und sie realisieren

23 **das Trikot** - Hemd beim Sport

11 DER VERLORENE EHERING

So, das ist geschafft! Den ganzen Tag war Erich auf dem **Feld**, um Karotten zu **säen**. Eigentlich muss er das gar nicht mehr tun. Er ist schon 76 Jahre alt und hat seinen **Hof** schon vor ein paar Jahren an seinen Sohn **übergeben**[1]. Aber er liebt seine Arbeit. Deshalb hilft er seinem Sohn, wo er kann.

Nur noch die Hände waschen, dann geht es zum Abendessen. Erich freut sich, denn heute gibt es **Gulasch**. Sein Lieblingsessen.

Aber – was ist das? Dort, am **Ringfinger**, wo sonst immer sein goldener **Ehering** sitzt, ist nichts mehr. Der Ring ist weg!

Erich wird nervös. Sein Ehering ist ihm sehr wichtig. Seit seiner Hochzeit hat er ihn immer getragen. Und die war ja schon vor fast fünfzig Jahren. Wo ist der Ring nur hin? Erich sucht lange im Badezimmer, im Hausflur und auf der Treppe. Aber der Ring ist nicht zu finden. Also muss er draußen weitersuchen. Er geht zur Haustür und öffnet sie. Dabei schaut er die ganze Zeit auf den Boden. Seine Frau Hanne ruft: „Erich, wo willst du denn hin? Wir essen gleich!" Erich weiß nicht, was er antworten soll. Wie soll er Hanne sagen, dass er den Ehering verloren hat? Das Symbol ihrer Liebe. Sie haben drei Kinder und viel zusammen **erlebt**[2]: Gute und schlechte Tage, wie sie es sich bei ihrer Hochzeit **versprochen**[3] haben. Er muss den Ring finden! Schnell ruft er: „Ich komme gleich, Hanne. Ich habe nur etwas vergessen." Dann geht er nach draußen.

Im Hof steht noch der **Traktor** mit dem **Anhänger**. Erich steigt erst auf den Traktor, dann auf den Anhänger. Er sucht und sucht, aber er kann den Ring einfach nicht finden. Mit hängendem Kopf geht er zurück ins Haus und erzählt Hanne, dass er den Ehering verloren hat. Doch zu seiner großen **Verwunderung**[4] findet seine Frau das gar nicht so schlimm. „Ach, Erich", meint sie nur und nimmt ihn in den Arm, „den Ring findest du schon noch."
Die Tage vergehen. Aus den Tagen werden Wochen, dann Monate. Der Ehering ist und

1 **etw. (Akk.) an jmdn. übergeben –** etw. an jmdn. weitergeben, jmdn. zum Chef von etw. machen

2 **etw. (Akk.) erleben –** etw. (Akk.) sehen, kennenlernen

3 **versprechen –** sagen, dass man etwas ganz sicher tun wird

4 **die Verwunderung –** Subst. zu ‚sich wundern' – nicht normal finden

bleibt weg. Der Tag der **Goldenen Hochzeit**[5] kommt immer näher. Und die wollen sie mit einem großen Fest feiern. 64 Gäste haben sich angemeldet. Natürlich braucht Erich für die Zeremonie in der Kirche unbedingt seinen Ehering. Erich ist schrecklich nervös. Nachts kann er gar nicht mehr gut schlafen. Hanne **dagegen**[6] ist ganz ruhig. Sie glaubt immer noch daran, dass ihr Mann einfach noch nicht gut genug gesucht hat. Da es aber nur noch wenige Woche bis zur Goldenen Hochzeit sind, machen sie doch lieber einen Termin bei einem **Juwelier**. Nächste Woche wollen sie in die Stadt, um neue Ringe zu bestellen. Vorher ist dazu leider keine Zeit, denn Erich muss noch die Karotten **ernten**[7].

der Juwelier

Beruf: jemand, der Schmuck herstellt und verkauft

Mit dem **Karottenroder** fährt Erich wieder über das Karottenfeld. Die Karotten werden aus der Erde gezogen und kommen über ein Transportband in Kisten. Hinten auf dem Anhänger stehen Erichs Enkel. Sie sind vierzehn und achtzehn Jahre alt und helfen ihrem Opa, um sich so ein kleines Taschengeld zu verdienen. Ihre Aufgabe ist es, Steine, andere Pflanzen und kaputte Karotten zu finden und vom Anhänger zurück aufs Feld zu werfen.
Auf einmal ruft Erichs Enkel Jonas ganz laut: „Halt, Opa! Stopp!“
Sofort hält Erich an. Hoffentlich ist niemandem etwas passiert! Jonas steigt vom Anhänger und läuft nach vorne zu Erich. Dabei **schwenkt**[8] er eine Karotte

spezieller Traktor, mit dem man Karotten erntet

der Karottenroder

in der Luft und **strahlt übers ganze Gesicht**[9]. „Opa, Opa, schau mal, was ich hier habe!"

Als er Erich die Karotte in die Hand drückt, sagt der erst einmal gar nichts. Dann **flüstert**[10] er: „Das gibt es doch gar nicht" – und fängt an zu weinen. Dicke **Tränen**[11] laufen ihm über das alte Gesicht. Denn auf der Karotte sitzt – sein Ehering. In den letzten Tagen hat er wirklich überall gesucht, nur auf dem Feld natürlich nicht. Das ist ja auch viel zu groß. Sein Ring! Sein Ring ist wieder da! Sie brauchen doch nicht zum Juwelier. Die Goldene Hochzeit kann kommen!
Sofort **bricht**[12] Erich die Möhre in zwei Teile, nimmt den Ring ab und **steckt**[13] ihn an den Ringfinger seiner rechten Hand. Glücklich sieht Erich auf das kleine goldene Etwas. So ist es richtig, so soll es sein! Als er ihn am Abend Hanne zeigt, meint diese nur: „Siehst du, ich habe doch gewusst, dass du ihn noch wiederfindest. Unser Feld gibt uns doch immer alles, was wir brauchen."

Für die **Karotte** gibt es viele Namen. In manchen Regionen heißt sie auch **Möhre** oder **Mohrrübe**, in anderen **gelbe Rübe**.

5 **die Goldene Hochzeit** – der fünfzigste Hochzeitstag
6 **dagegen** – im Unterschied dazu
7 **ernten** – das fertige Gemüse vom Feld holen
8 **etw. (Akk.) schwenken** – mit etw. (Dat.) winken
9 **übers ganze Gesicht strahlen** – sich so freuen, dass man es am ganzen Gesicht sieht
10 **flüstern** – leise sagen
11 **die Träne** – Wasser, das aus den Augen kommt, wenn man weint
12 **brechen** – durch Drücken kaputt machen
13 **stecken** – etwas Kleines an den Ort tun, für den es gedacht ist

12 EIN SÜßES GEHEIMNIS

Im 19. Jahrhundert eröffnet im Herzen Salzburgs eine kleine, feine **Konditorei**[1]. Ein paar Jahre und viele Experimente später ist das **Meisterwerk**[2] fertig: eine runde Praline für die Bewohner Salzburgs mit **Pistazien**, **Marzipan**, **Nugat** und Schokolade.

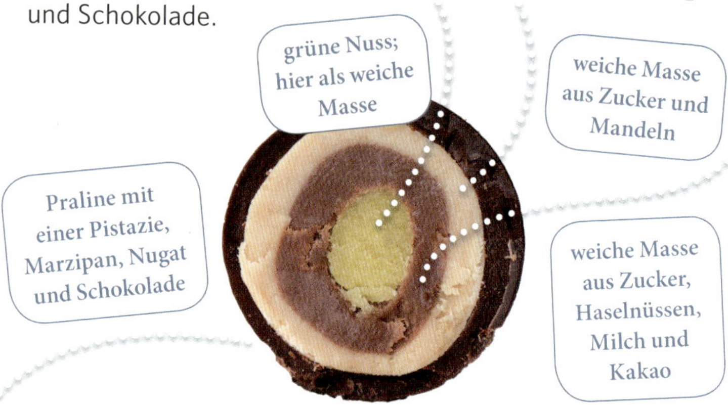

Einfach **köstlich**[3]. Und dann trägt sie auch noch den Namen von Wolfgang Amadeus Mozart. Na, so etwas muss sich doch gut verkaufen lassen! Und wirklich: Schon kurze Zeit später bekommt der Konditor bei einer europäischen Ausstellung für seine **Mozartkugel** die Goldmedaille.

Schrader schließt den Laptop. ‚Die habe ich noch nie gegessen', denkt er. ‚Ein interessanter Auftrag – mal etwas Neues.' Er zieht seinen Mantel an, schaut auf seinen Arbeitsplatz und sagt leise:
„Ich muss mal wieder aufräumen." Dann **verlässt**[4] er mit zwei Pizzakartons und vier leeren Bierflaschen sein Detektivbüro.

Draußen wirft er den Müll weg und steigt in seinen Wagen. Von München bis zum **Tatort**[5] nach Salzburg muss er ein Stück fahren. Er macht das Autoradio an: Mozart. Das passt ja!

Zwei Stunden später lässt er seinen Wagen in der Garage direkt neben der Salzburger Altstadt stehen. Der schnellste Weg zur Konditorei führt über den **Kapitelplatz**. Sofort fällt ihm die riesige goldene Kugel auf dem Platz auf. Schrader stellt sich neben eine Touristengruppe und hört ein paar Minuten zu: „... und das hier, liebe Besucher, ist die **Sphaera**, ein Kunstwerk von Stephan Balkenhol. Die Salzburger nennen sie auch die ‚Balkenhol-Mozartkugel'..."
‚Wieder etwas gelernt', denkt Schrader und geht weiter.

1 **die Konditorei** – Bäckerei, die feine Kuchen und Torten macht
2 **das Meisterwerk** – das beste Stück eines Künstlers
3 **köstlich** – sehr lecker
4 **etw. (Akk.) verlassen** – aus etw. (Dat.) hinausgehen, weggehen
5 **der Tatort** – Ort, an dem etwas Kriminelles passiert ist

Der Mann auf der Figur ist aus Bronze und wiegt 300 Kilo.

2007 hat der deutsche Künstler **Stefan Balkenhol** diese Kugel gemacht.

Die Kugel ist 2 Tonnen schwer und hat einen Durchmesser (Ø) von 5 Metern. Sie ist aus vergoldetem Kunststoff.

Der **Kapitelplatz** ist ein großer Platz in der Altstadt von Salzburg. Rund um den Platz stehen viele wichtige Gebäude, darunter auch der **Salzburger Dom**. Dahinter sieht man die **Festung Hohensalzburg**.

der Fingerabdruck

charakteristisches Muster auf der Haut des Fingers; es findet sich auf allen Dingen, die ein Mensch in die Hand nimmt, und ist deshalb wichtig für die Polizei

Als er zur Konditorei kommt, geht die Polizei gerade. Zwei Polizisten diskutieren noch ein paar Details: „Keine **Fingerabdrücke** – das wird schwierig." In der Konditorei ist auch ein Café. Hier ist gerade viel los. **Neugierig**[6] schauen die Gäste der Polizei nach. Schrader nimmt sich eine Mozartkugel, packt sie aus, sieht sie sich von allen Seiten an und isst sie dann langsam. ‚Nicht schlecht', denkt er. Da kommt der **Ururenkel**[7] des ersten Konditors auf ihn zu: „Die werden heute noch von Hand gemacht", erklärt er.

Zusammen gehen sie die Treppe hoch zum Büro. Der **Safe** steht noch offen. „Da war das Originalrezept drin", sagt der Mann. Schrader schaut sich um. Alles ist sehr sauber. Und alles ist sehr aufgeräumt. Ganz anders als in seinem Büro. Am Safe findet er wirklich keine Fingerabdrücke – wie die Polizei gesagt hat. Doch was ist das? Unter dem Schreibtisch liegt ein Papier. Dieses Papier kennt er doch! Da gehört doch eine Mozartkugel rein! Aber dieses Papier ist leer.

Schrank aus Metall mit Schloss für Geld oder Schmuck

„Wer hat das Rezept gestohlen?"

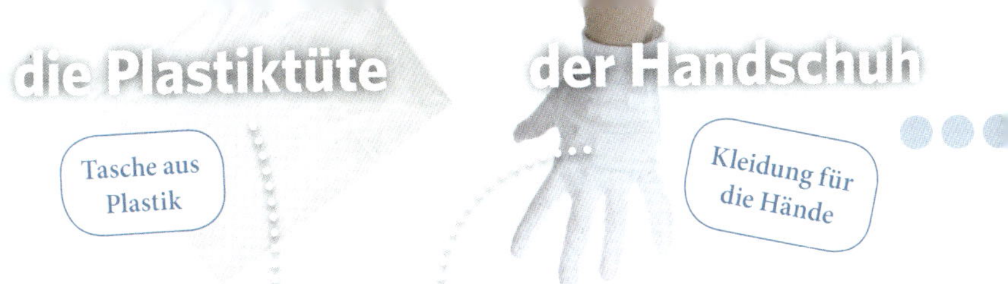

Schrader zieht einen **Handschuh** an und lässt das Papier in eine **Plastiktüte** fallen. Der Konditor schaut sich den Safe noch einmal ganz genau an. Er hat nichts gemerkt.

Schrader packt die Tüte ein, zieht die Handschuhe wieder aus und geht zum Chef der Konditorei. „Und – was meinen Sie: Wer war es? Wer hat das Rezept **gestohlen**[8]?“, fragt Schrader. Der Mann antwortet sofort. „Das ist ganz klar. Die Konkurrenz natürlich. Sie müssen wissen: Wir gewinnen oft Preise für die beste Praline. Auch die Kunden sagen, dass unsere Mozartkugeln die besten sind. Vielleicht will die Konkurrenz sie kopieren.“

Wenig später sitzt Schrader wieder in seinem Büro. Neben ihm liegt eine Tüte mit verschiedenen Mozartkugeln. Er isst eine Praline nach der anderen. Zwischen den einzelnen Pralinen trinkt er immer etwas Wasser. ‚Die Theorie mit der Konkurrenz glaube ich nicht‘, denkt er. ‚Die schmecken alle anders. Eine kopierte Mozartkugel – das würde man doch gleich merken.‘ Dann hat er eine Idee.

Schrader steigt wieder in seinen Wagen und fährt zu einem Parkplatz an der Autobahn. Hier wartet er. Eine halbe Stunde später kommt noch ein Auto und hält neben Schraders Wagen. „Du bist zu spät“, sagt Schrader.

6 **neugierig –** sehr interessiert (auch an privaten Details anderer Personen)
7 **der Ururenkel –** Enkel des Enkels
8 **gestohlen (Perfekt von stehlen) –** ohne Erlaubnis nehmen

die Hecke

maximal 2 m hohe Wand aus kleinen Bäumen

Die Fahrerin des Autos, eine junge Frau in schwarzer Kleidung antwortet „Du bist zu früh." Dann setzte sie sich zu Schrader ins Auto. Der Detektiv gibt ihr die Tüte mit dem Papier und meint: „Du **hast was gut bei**[9] mir."

Gerät, mit dem man weit oder genau schauen kann

Es regnet. Schrader liegt hinter einer **Hecke** und beobachtet mit einem **Fernglas** eine Villa.

Es ist ein luxuriöser Bungalow, Architektur der sechziger Jahre, außerhalb von Salzburg. Im Haus ist alles dunkel und ruhig. Schrader wartet. Aber lange muss er gar nicht warten. Da kommt auch schon ein Wagen. Es ist ein alter **Sportwagen**. Der Fahrer hält an und holt etwas aus dem Auto. Schrader schaut wieder durch sein Fernglas und sieht einen **Bilderrahmen**. Mit dem Bilderrahmen unter dem Arm geht der Mann ins Haus.

schnelles Auto

Rand für ein Bild aus Holz oder Plastik

Schraders Handy vibriert. „Ja?", fragt er. Eine Frauenstimme sagt: „War nicht leicht mit den Fingerabdrücken, aber wir haben es geschafft. Es ist ein alter Bekannter von uns **mit einer Schwäche für**[10] Süßigkeiten: Josef, **Guzi**[11]' Gutmayer." „Das habe ich mir gedacht. Rate mal, wo ich bin: bei Gutmayers Villa", antwortet Schrader.

Er geht durch den großen Garten auf die Terrasse und sieht ins Wohnzimmer. Die Tür geht ganz leicht auf. Leise **schleicht**[12] Schrader hinein und geht nach rechts. Guzi steht mit dem Rücken zu Schrader. „Wie haben Sie mich gefunden?", fragt Guzi, ohne **sich umzudrehen**[13]. „Ihre Schwäche für Süßigkeiten. Als Sie das Rezept gestohlen haben, haben Sie eine Mozartkugel gegessen. Um die Praline auszupacken, mussten Sie die Handschuhe ausziehen. Das Papier ist unter den Schreibtisch gefallen. Und darauf waren Ihre Fingerabdrücke." Gerade in diesem Moment kommt die Polizei und **nimmt** Guzi **fest**[14].

Der Konditor öffnet den Safe und legt das Rezept hinein. „Was wollte der Dieb denn mit dem Rezept?", fragt er. Schrader antwortet: „Oooch, Guzi sammelt vieles. Kunst, Antiquitäten, Autos, einfach alles. Legal, illegal, ganz egal." Der Mann fragt weiter: „Und wie haben Sie ihn so schnell gefunden?"

„Das bleibt mein süßes **Geheimnis**[15]."

9 **Du hast was gut bei mir** – (ugs.) Danke für die Hilfe. Das nächste Mal helfe *ich dir*.

10 **eine Schwäche für etw.** – etw. so gerne mögen, dass man nicht Nein sagen kann

11 **die Guzi** – (österr.) Süßigkeit

12 **schleichen** – langsam und leise gehen

13 **sich (Akk.) umdrehen** – den Körper wenden, so dass nicht mehr der Rücken, sondern das Gesicht in eine bestimmte Richtung zeigt

14 **jmdn. festnehmen** – jmdn. mitnehmen, weil er etwas Kriminelles gemacht hat

15 **das Geheimnis** – etw., das man selbst weiß, das andere aber nicht wissen sollen

Salzburg

... heißt deshalb Salzburg, weil in der Nähe der Stadt früher Salz gewonnen wurde. Das ‚weiße Gold' machte die Salzburger reich.

Eine Spezialität sind die **Salzburger Nockerln**, ein warmes Dessert mit sehr vielen Kalorien! Sie bestehen aus Eiern, Mehl und Zucker und werden im Ofen gebacken. Die drei Spitzen symbolisieren die drei Berge, die rund um Salzburg liegen: Das sind der Gaisberg, der Mönchsberg und der Nonnberg.

Der berühmteste Sohn der Stadt ist **Wolfgang Amadeus Mozart**. Salzburg wird deshalb auch **die Mozartstadt** genannt.

Mozart wurde 1756 in Salzburg geboren. Sein **Geburtshaus** in der **Getreidegasse** wird jedes Jahr von **Hunderttausenden** Touristen besucht. Nicht nur die Mozartkugel, sondern auch viele Gebäude und Institutionen sind nach dem berühmten Komponisten benannt. Mozart zog später nach Wien, wo er mit nur 35 Jahren starb.

Die Festung **Hohensalzburg** liegt über der Stadt und ist ein beliebtes Postkartenmotiv. Von oben hat man einen fantastischen Blick.

Mit dem Bau der Burg wurde schon 1077 begonnen!

Die **Salzburger Festspiele** sind weltweit bekannt. Sie finden jedes Jahr im Juli und August statt. 6 Wochen lang kann man 200 klassische Konzerte, Theater- und Opernaufführungen besuchen.

Mit dem Auto kommt man in nur 30 Minuten in die Berge. Hier kann man im Winter Ski fahren und im Sommer wandern.

Mitten durch Salzburg fließt die **Salzach**. Früher wurde der Fluss für den Transport von Salz genutzt. Er ist rund 225 km lang und fließt durch Österreich und Deutschland.

In der Nähe von Salzburg liegt die Region **Salzkammergut**. Wunderschön und sehr bekannt ist **Hallstatt** am **Hallstätter See**. Der Ort, der aussieht wie auf einer Postkarte, ist UNESCO-Weltkulturerbe. Jedes Jahr kommen deshalb mehr als eine halbe Million Besucher hierhin. Zu viele für das kleine Dorf. Es hat nur ca. 800 Einwohner!

13 DIE LETZTE KÜCHENMASCHINE

Alle ihre Freundinnen haben so eine. Und jede hat ihr erzählt, wie toll sie ist und dass sie sich ein Leben ohne sie gar nicht mehr vorstellen kann. Die Küchenmaschine kann **Teig kneten**, Milchshakes mixen, Marmelade oder Suppe kochen, Brot backen, Zwiebeln schneiden und vieles mehr. Nach dem Kochen macht sie sich sogar alleine sauber. Fehlt nur noch, dass sie den Boden putzt. Aber sie hat auch einen **Nachteil**[1]: Sie ist teuer, sehr teuer. Und nun gibt es eine solche Küchenmaschine im Supermarkt. Natürlich nicht das Original, sondern nur ein Imitat. Aber dafür kostet sie auch nicht so viel. Katrin hofft, dass sie noch eine bekommt. Denn als sie endlich in das Geschäft gehen kann, ist es schon früher Nachmittag. Es kann also sein, dass schon alle Maschinen verkauft sind. Schnell geht sie zu den Tischen mit der **Aktionsware**[2].

der Karton

Und sie hat Glück: Ein letzter **Karton** steht noch da. Katrin nimmt den Karton und liest, was darauf steht. Kann diese Küchenmaschine wirklich alles, was das Original kann? Aber Katrin kommt gar nicht dazu, den ganzen Text zu lesen. Plötzlich **stößt**[3] ihr jemand von hinten einen **Einkaufswagen** gegen die Beine, sie geht zu Boden. Den Karton hält sie dabei aber fest in den Händen. Eine elegante, weißhaarige alte Dame steht über ihr und versucht, ihr den Karton mit der Küchenmaschine wegzunehmen. Aber Katrin denkt gar nicht daran, den Karton herzugeben. Da nimmt die alte Dame ihre Handtasche und **schlägt**[4] Katrin damit zweimal **kräftig**[5] auf den Kopf. Sofort **lässt** Katrin den Karton **los**[6] und hält sich die Hände vors Gesicht. Was für eine brutale Frau! Die alte Dame kümmert sich gar nicht weiter um sie, stellt den Karton in ihren Einkaufswagen und geht damit in Richtung Kasse.

Katrin ist erst sechsunddreißig Jahre alt, gesund und sportlich. Aber es dauert doch einige Zeit, bis sie wieder aufstehen kann. Ihre Beine tun weh. Außerdem hat sie Kopfschmerzen. So schnell sie kann, läuft sie nach vorne zur Kasse. Hier erzählt sie dem Verkäufer, was gerade passiert ist. Der ist **fassungslos**[7] und meint: „**Kein Wunder, dass**[8] es

1 **der Nachteil** - Minuspunkt, negativer Aspekt
2 **die Aktionsware** - Artikel, den man nur kurze Zeit kaufen kann
3 **stoßen** - schnell und stark drücken
4 **schlagen** - die Hand oder einen Gegenstand schnell und stark auf etwas ‚werfen'
5 **kräftig** - schnell und mit viel Energie
6 **loslassen** - die Hände öffnen
7 **fassungslos** - ohne jedes Verständnis
8 **Kein Wunder, dass ...** - Jetzt verstehe ich auch, warum ...

die Frau so eilig hatte. Nein, ich kenne sie nicht. Hier hat sie noch nie eingekauft. Soll ich die Polizei anrufen?" Aber das will Katrin auch nicht. Traurig und ohne Küchenmaschine geht sie nach Hause.

Am Abend telefoniert sie lange mit ihrem Freund Jens. Natürlich erzählt sie ihm ganz genau von der Sache mit der Küchenmaschine. Es tut gut, seine **Stimme**[9] zu hören. Langsam wird sie wieder ruhiger. Und Jens weiß, was Katrin jetzt braucht: „Hör mal, was hältst du davon, wenn wir am Sonntagmittag aufs Kiliani-Fest gehen? Abends sind wir bei deiner Mutter zum Essen eingeladen. Danach können wir uns das **Feuerwerk** anschauen, mit dem das Fest zu Ende geht. Wenn man bei meiner Mutter im Garten steht, kann man es immer gut sehen. Was meinst du?" Katrin gefällt Jens' Idee. Sie freut sich darauf, Jens' Mutter kennenzulernen. Und sie geht gerne aufs **Kiliani-Fest**[10]. Bei den schnellen **Fahrgeschäften** wird ihr zwar immer schlecht, aber eine Fahrt mit Jens im **Riesenrad** ist bestimmt romantisch.

das Riesenrad

Fahrgeschäft; bis zu 165 m hohes, vertikal stehendes Rad mit kleinen Kabinen

Show mit vielen schönen Lichtraketen

Am Sonntagmittag fahren Katrin und Jens mit der „Straba", wie die Würzburger ihre Straßenbahn nennen, zur Talavera, dem großen Festplatz. Der Himmel ist voller Wolken, aber es sieht nicht nach Regen aus.

Sie setzen sich vor ein **Festzelt** und lassen sich erst einmal einen **Steckerlfisch** und ein Bier schmecken. Dann **schlendern**[11] sie über das Kiliani-Fest und sehen sich alles ganz genau an. Und die Fahrt mit dem Riesenrad ist wirklich sehr romantisch.

der Steckerlfisch

auf einem kleinen Holzstück gegrillter Fisch; typisches Essen für Volksfeste

Von oben kann man über den **Main** und ganz Würzburg sehen. Gegen 20:00 Uhr machen sie sich zu Fuß auf den Weg zu Jens' Mutter. Nach einer Viertelstunde sind sie schon da. Katrins Herz **klopft**[12], als sie vor dem Haus von Jens' Mutter stehen. Hoffentlich ist die Mutter nett. Von ihren Freundinnen hat Katrin schon schlimme Geschichten über böse **Schwiegermütter**[13] gehört. Doch als die Tür aufgeht, denkt Katrin nur: ‚Oh, nein! So schlimm ist es bestimmt bei keiner meiner Freundinnen!'

9 die Stimme – das, was beim Sprechen, Singen und Lachen aus dem Mund kommt

10 das Kiliani-Fest – Volksfest das jedes Jahr in Würzburg stattfindet und zwei Wochen dauert

11 schlendern – langsam gehen

12 klopfen – ‚bum, bum' machen

13 die Schwiegermütter (Plural von ‚die Schwiegermutter') – die Mutter des Mannes oder der Frau

der Main

Fluss in Würzburg

Über den Main führt die **Alte Mainbrücke**. Sie ist die älteste Brücke in Würzburg.

Das Neumünster ist eine Kirche, die ca. im Jahr 1000 gebaut und von 1710–1788 im Barockstil verändert wurde.

Denn wer steht dort und **lächelt**[14] freundlich? Die **rabiate**[15] Frau aus dem Supermarkt!
Katrin ist sich nicht sicher, ob die alte Dame sich noch an sie erinnert. Denn sie **begrüßt**[16] Katrin ganz herzlich, drückt ihr die Hand und sagt: „Katrin, ich freue mich sehr, Sie endlich kennenzulernen. Jens hat mir ja schon so viel von Ihnen erzählt."
Was soll sie nur tun? Die Geschichte von der Küchenmaschine erzählen? Oder fragen, wo sie immer einkaufen geht?
Lieber nicht. Es soll doch ein netter Besuch werden.
Das Abendessen ist sehr lecker. Jens' Mutter hat extra Fränkischen **Sauerbraten**[17] gemacht. ‚Mit so einer tollen Küchenmaschine ist das natürlich auch nicht schwierig', denkt Katrin. Aber eigentlich ist Jens' Mutter wirklich sympathisch. Sie unterhalten sich gut. Und plötzlich ist es 23.00 Uhr und das Feuerwerk fängt an. Als Jens sie gegen 0:00 Uhr nach Hause bringt, ist Katrin sich gar nicht mehr sicher, dass die Dame im Supermarkt wirklich Jens' Mutter war. Diese nette alte Dame und die rabiate Frau aus dem Supermarkt – das passt einfach nicht zusammen. Das müssen doch zwei verschiedene Personen sein!
Katrin und Jens treffen sich erst am Mittwoch wieder. Als er abends zu ihr kommt, hat er ein großes Paket unter dem Arm. Schon an der Tür hält er es ihr hin und sagt: „Das soll ich dir geben. Mit lieben Grüßen von meiner Mutter." Langsam öffnet Katrin das Paket. Sie weiß ja schon, was drin ist. Die Küchenmaschine! Jens erklärt: „Sie hat mir alles erzählt. Und es tut ihr wirklich leid."

14 **lächeln** – ein freundliches Gesicht machen, ohne Ton lachen
15 **rabiat** – gewalttätig, brutal
16 **jmdn. begrüßen** – ‚Hallo' (und ‚Herzlich willkommen') sagen
17 **der Sauerbraten** – Stück Fleisch, das mehrere Tage in Essig und andere Zutaten gelegt wird, bevor es in den Ofen kommt; typisch für viele Regionen Deutschlands

14 FLUCHT VOR DER FASTNACHT

„**Helau**!“

‚Nicht mit mir‘, denkt Marco. Er schaut auf die Gruppe, die unter seinem Fenster vorbeigeht. ‚Alle in **Kostümen**, alle laut und alle **albern**. Das **spare** ich **mir**[1] jetzt. Die letzten Tage waren schon schlimm genug.‘ Er zieht seine Jacke an und geht zur Wohnungstür. ‚Habe ich alles?‘, fragt er sich. Sein Schlüssel, sein Portemonnaie und seine Zugfahrkarte liegen schon da.

kindisch, gespielt lustig

das Kostüm – Kleidung, durch die man wie eine bestimmte Person oder ein Tier aussieht (z. B. ein Schwein)

1 **sich etw. (Akk.) sparen** – etw. nicht machen, weil man es unwichtig oder schlecht findet

die Fastnacht – Karneval

typischer Ruf an Karneval, einer mehrtägigen Party vor der siebenwöchigen Fastenzeit vor Ostern

Schnell steckt er alles in eine **Umhängetasche** und nimmt seinen Koffer. Als er die Tür von außen abschließt, kommt gerade seine Nachbarin mit ihren beiden Söhnen die Treppe hinunter. Einer hat ein Piratenkostüm an, sein Bruder ist als Cowboy **verkleidet**[2]. Marco **grüßt**[3] und denkt: ‚Schon **Rosenmontag**[4]. Zeit, dass ich hier wegkomme.'
Zum Bahnhof ist es nicht weit: Er geht die Lessingstraße entlang, dann auf den Kaiser-Wilhelm-Ring und schon steht er vor dem Hauptbahnhof. Es ist noch früh, Marco hat noch etwas Zeit. Also holt er sich einen Kaffee und schaut auf die verkleideten Kinder und Erwachsenen und denkt: ‚Zwei Jahre wohne ich jetzt schon in Mainz. Aber an die Fastnacht kann ich **mich** einfach nicht **gewöhnen**[5].' In den letzten beiden Jahren ist er immer eine ganze Woche weggefahren, aber in diesem Jahr hatte Marco zu viel zu tun.

Der Mainzer Rosenmontagszug (kurz: der Umzug) ist eine Karnevalsparade am Rosenmontag. Jedes Jahr kommen fast 10.000 aktive Teilnehmer und mehr als 500.000 Zuschauer. Der erste Umzug fand 1838 statt.

Parade an Karneval

‚Noch ist es ja nicht zu spät. Wenn der **Rosenmontagszug** anfängt, bin ich weg.'

Als er seinen Kaffee ausgetrunken hat, merkt er, dass seine Umhängetasche fehlt. Er sieht gerade noch, wie ein Mann in einem Affenkostüm wegläuft. „Hey, anhalten. Ein **Dieb**[6]!", ruft Marco. Doch niemand kümmert sich um ihn und der Dieb ist längst weg. ‚Ohne Fahrkarte keine Fahrt. Ohne Geld keine **Flucht**[7] vor der Fastnacht. Was nun?', fragt sich Marco. Da sieht er einen Mann in einem Polizisten-Kostüm und denkt: ‚Gute Idee. Bei der Polizei hilft man mir ganz sicher.'

So gut ist die Idee aber doch nicht. Als Marco vor dem Polizeirevier in der Altstadt ankommt, steht hier schon eine lange **Schlange**[8]. „Das wird heute nichts mehr", sagt der Mann vor ihm. „Die meisten Polizisten sind beim Umzug und hier ist einfach zu viel los. Keine Chance!" Marco wartet noch einen Moment, aber er kommt keinen Meter weiter. Es ist -10 Grad und der Wind ist **eiskalt**[9]. Also geht auch er wieder.

2 **verkleidet** – mit einem Kostüm
3 **grüßen** – ‚Hallo' oder ‚Guten Tag' sagen
4 **der Rosenmontag** – Montag vor Aschermittwoch (dem ersten Tag der siebenwöchigen Fastenzeit vor Ostern)
5 **sich an etw. (Akk.) gewöhnen** – etw., das man nicht mag, so oft sehen, dass man es normal und auch nicht mehr so schlimm findet
6 **der Dieb** – Person, die etw. ohne Erlaubnis mitnimmt
7 **die Flucht** – weglaufen vor etw., vor dem man Angst hat
8 **die Schlange** – (hier:) Reihe, in der man wartet, z. B. an der Kasse im Supermarkt
9 **eiskalt** – sehr kalt

Als er in der Kaiserstraße steht, ärgert er sich. ‚Der Umzug. Wie konnte ich das nur vergessen. Hier komme ich ja gar nicht durch.' Überall um ihn herum sind verkleidete Menschen, dazwischen Marco mit seinem Koffer.

die Trommel

lautes Musikinstrument: großer Ring mit einer Haut, auf die man mit zwei Stöcken schlägt

die Flöte

Musikinstrument mit Löchern für die Finger, das man mit Luft spielt

Genau neben ihm steht eine Polizistin, aber Marco sieht sie nicht. Er hört nur **Trommeln**, **Flöten** und lautes Singen und Rufen. Ein **Bonbon** fliegt ihm an den Kopf. ‚Jetzt habe ich aber wirklich genug. Ich muss zurück nach Hause.'

das Bonbon

in buntes Papier eingepackte kleine Süßigkeit; wird auf dem Rosenmontagszug in großer Menge von den Wagen geworfen

Normalerweise braucht Marco von hier aus nicht einmal fünf Minuten. Heute dauert es eine Stunde.

Jetzt schnell rein in seine ruhige, schöne Wohnung! Doch vor dem Haus fällt ihm ein, dass auch sein Schlüssel in der Umhängetasche ist. Und die hat ja der Dieb. Marco **klingelt** bei der Nachbarin, doch niemand öffnet. Auch im ersten und im dritten Stock ist niemand da.

klingeln

Auf einen Schalter neben der Tür drücken. Im Haus gibt es dann ein Signal und man weiß, dass jemand vor der Tür steht.

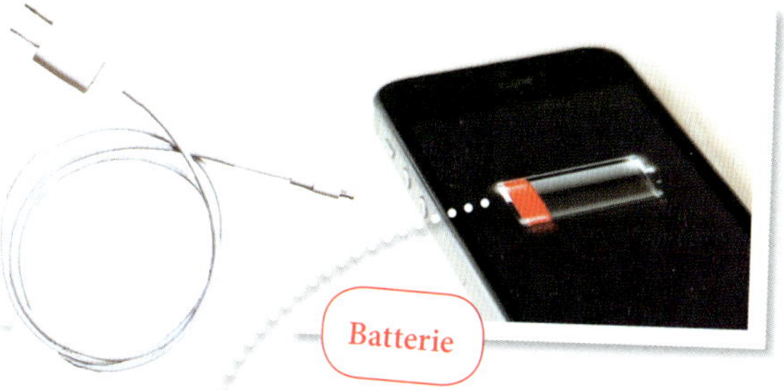

'Dann muss ich einen **Schlüsseldienst**[10] anrufen', denkt Marco. Doch der **Akku** seines Smartphones ist leer. Und das **Ladegerät** ist – in der Umhängetasche. Müde setzt Marco sich auf seinen Koffer. Dann versteckt er ihn neben dem Haus. Was nun?

Am besten läuft er erst einmal ein Stück. Marco ist so **in Gedanken**[11], dass er gar nicht merkt, wohin er geht. Plötzlich steht er wieder vor dem Umzug. Es ist noch kälter geworden. Marco **friert**[12]. „Du bist ja gar nicht verkleidet", meint ein Mann in seinem Alter. „Aber egal. Komm trotzdem mit." Er nimmt ihn am Arm und geht mit ihm zu seinen Freunden. Zusammen lassen sie den Umzug hinter sich und gehen in die Augustinerstraße in eine der **Kneipen**[13]. „Willst du ein Bier?", fragt einer aus der Gruppe. „Ich weiß nicht", antwortet Marco unsicher. „So früh am Morgen?" Er erzählt seine Geschichte. „Logisch, dass du dich ärgerst und nicht so gut gelaunt bist. Trink mal ein Bier. Dann geht es dir besser. Wir laden dich ein, heute ist doch **Fassenacht**[14]", meint ein anderer. Aus dem einen Bier werden zwei und dann gehen sie weiter – zur nächsten Kneipe.

10 **der Schlüsseldienst** – Service, der die Tür öffnen kann, wenn man seinen Schlüssel verloren hat

11 **in Gedanken** – unaufmerksam, man konzentriert sich nicht

12 **jmd. friert** – jmdm. ist kalt

13 **die Kneipe** – einfache, kleine Bar, in der vor allem Alkohol getrunken wird

14 **die Fassenacht** – (Mainzer Dialekt:) Fastnacht

Zwischen der vierten und fünften Kneipe gehen sie nicht mehr, sondern tanzen. Als sie dort ankommen, ist es schon Abend. In der Kneipe ist es sehr voll. Trotzdem tanzen auch hier fast alle. In der Menge sieht Marco eine Krankenschwester. Natürlich keine richtige, sondern eine verkleidete. ‚Wie schön sie tanzt', denkt er. Eigentlich ist er eher **schüchtern**[15], aber heute ist sowieso alles egal. ‚Wie soll ich sie nur **ansprechen**[16]?', fragt er sich. ‚Ich weiß es: Ich sage ihr einfach, dass ich krank bin.'

Er tanzt in ihre Richtung. Bevor er etwas sagen kann, kommentiert sie **gelangweilt**[17]: „Wahrscheinlich willst du mir jetzt erklären, dass du krank bist, oder?" „Nein", lügt Marco, „ich wollte nur fragen, wie du heißt." „Auch nicht gerade kreativ, aber wenigstens etwas anderes", sagt sie. „Ach ja: Ich bin Sabine." „Schade, dass du keine Polizistin bist. Dann könntest du mir helfen", meint Marco. „Wie denn das?", will Sabine wissen. So langsam findet sie ihr Gespräch doch interessant. Da erzählt Marco ihr, was passiert ist. Als er mit seiner Geschichte fertig ist, fragt er: „Willst du mit mir tanzen?" Und sie will.

Ab diesem Zeitpunkt tanzen sie den ganzen Abend. Die Männer, mit denen Marco in den anderen Kneipen war, sind längst wieder gegangen. Es wird Nacht. Noch immer tanzen Sabine und Marco. Irgendwann werden sie dann doch müde. „Ich bringe dich nach Hause", sagt Marco. „Oh, ein Gentleman", freut sich Sabine. Sie wohnt ganz in der Nähe in der Terrassenstraße. Als sie dort ankommen, meint Marco: „Eigentlich wollte ich heute Morgen ja vor der Fastnacht **fliehen**[18]. Aber jetzt bin ich froh, dass daraus nichts geworden ist. Sonst hätten wir uns nicht getroffen."

„**Schicksal**[19]!“, sagt Sabine und lacht.

„Kann ich bei dir schlafen?“, fragt Marco.

„Oh, ganz schön **forsch**[20]!“, antwortet Sabine.

„Nein, nein, versteh mich nicht falsch“, beeilt sich Marco zu sagen: „Eigentlich bin ich eher schüchtern. Aber der Dieb von heute Morgen hat mir nicht nur mein Geld und meine Fahrkarte, sondern auch meinen Schlüssel gestohlen. Deshalb komme ich jetzt nicht in meine Wohnung.“

Sabine sagt: „Okay, komm hoch. Übrigens kennst du meine Geschichte ja noch gar nicht. Im richtigen Leben bin ich Polizistin. Morgen finde ich den Dieb im Affenkostüm für dich.“

15 **schüchtern** – vorsichtig; man hat Angst, mit anderen zu sprechen

16 **jmdn. ansprechen** – ein erstes Wort/einen ersten Satz zu einer anderen Person sagen, um mit ihr ein Gespräch anzufangen

17 **gelangweilt** – nicht interessiert

18 **fliehen** – weggehen, -fahren oder -laufen

19 **Schicksal!** – Es kommt, wie es kommen muss!

20 **forsch** – nicht schüchtern; energisch, resolut

15 DER BESTE KUCHEN DER WELT

die Radtour

längere Fahrt mit dem Fahrrad

„Schau mal, was ich gefunden habe! Weißt du noch?“ Judith zeigt ihrem Mann Thomas ein Foto.

„Ja, klar! Das war doch auf unserer **Radtour** um den Bodensee. Vor… - warte mal, ja, vor acht Jahren!“ Thomas nimmt ihr das Foto aus der Hand, sieht es an und **lächelt**[1]. „Eigentlich wollten wir eine große Radtour machen, vom **Hohentwiel**[2] nach Überlingen und dann an der Ostseite des Bodensees bis nach Lindau. Aber dann haben wir unterwegs dieses romantische **Gasthaus**[3] gefunden. Dort hat es uns so gut gefallen, dass wir gar nicht mehr weitergefahren sind. Wir haben auf der Terrasse gesessen und die schöne **Aussicht** über den Bodensee bis hinüber in die Schweiz **genossen**[4] …“

Panorama; Möglichkeit, weit über das Land zu sehen

der Zwetschgenkuchen

Kuchen mit Zwetschgen, einer blauen Obstsorte

fetter Teil der Milch; wird so lange gemixt, bis sie fest wird

die Schlagsahne

Judith ergänzt: „… und leckeren selbstgemachten **Zwetschgenkuchen** gegessen. Mit viel **Schlagsahne**. Lecker! So einen guten Kuchen habe ich nie wieder gegessen. Und dann am Abend der **Sonnenuntergang**[5] hinter dem See. Weißt du noch? Das war so schön!" Nach einer Pause sagt sie: „Eigentlich wollten wir dort noch einmal hinfahren."

Thomas sieht seine Judith an und lächelt: „Denkst du auch, was ich denke? Komm, wir machen am Wochenende die gleiche Radtour noch einmal. Das Wetter soll schön werden. Jetzt, Anfang Oktober, ist es nicht mehr so heiß. Die Bäume haben bunte Blätter, die Luft ist frisch und der See blau... Und noch ist Zwetschgenkuchenzeit!"

Judith freut sich, meint aber: „Glaubst du, wir finden das Gasthaus wieder? Es liegt doch am Ende einer kleinen Straße in diesem großen Wald. Damals gab es an der Kreuzung nur ein altes Schild aus Holz. Das ist bestimmt schon kaputt. Und vielleicht gibt es das Gasthaus ja auch gar nicht mehr. Die **Wirtsleute**[6] waren doch schon ziemlich alt."

Doch die Idee, dieselbe Tour noch einmal zu machen, ist zu schön. Also fangen die beiden an zu packen. Als Judith und Thomas am frühen Samstagmorgen losfahren, ist es noch dunkel. Die Fahrräder haben sie oben aufs Auto gepackt. Judith ist sehr **aufgeregt**[7] und redet die ganze Fahrt über: „Erinnerst du dich an die schönen Blumen, die neben der Terrasse gestanden ha-

1 **lächeln -** ein freundliches Gesicht machen; ohne Ton lachen
2 **der Hohentwiel -** Burgruine in der Nähe von Singen
3 **das Gasthaus -** einfaches Restaurant
4 **etw. (Akk.) genießen -** sich über etwas Gutes freuen, z. B. Essen, Urlaub, Aussicht
5 **der Sonnenuntergang -** die Sonne geht am Abend hinter den Horizont
6 **die Wirtsleute (Pl.) -** Leute, denen ein Gasthaus gehört
7 **aufgeregt -** nervös

ben? So viele Farben! Und dahinter sind ein paar **Hühner** und ein **Hahn** unter den Zwetschgenbäumen herumgelaufen. Es war fast wie in einem alten Film!“

das Huhn, Plural: die Hühner – Vogel, von dem unsere Frühstückseier kommen; der Hahn – Mann des Huhns

Als sie am Hohentwiel ankommen, ist es kurz nach acht Uhr. Es bleibt also genug Zeit, die **Festungsruine** zu besuchen und von dort die tolle Aussicht zu genießen. Sie sitzen auf einer kleinen **Mauer**, essen ihr mitgebrachtes Frühstück und schauen auf die **Berggipfel** der Alpen. Heute ist es so klar, dass man sie vom Hohentwiel aus sehen kann.

Eine Stunde später fahren sie endlich mit den Fahrrädern los. Zuerst geht es **steil bergab**[8] nach Singen. Sie fahren so schnell, dass die kühle Morgenluft richtig wehtut. Aber sobald sie auf der **Ebene** sind, wird es wärmer. Die Sonne scheint, sie können sogar ihre Jacken ausziehen. Das Wetter ist wirklich schön: Der Himmel ist blau, ohne die kleinste Wolke. Die Bäume **leuchten**[9] in Gold und Rot. Und es riecht nach Herbst.

Judith und Thomas haben schon viele Radtouren zusammen gemacht und sind ein gutes Team. Manchmal, wenn es etwas Interessantes zu sehen gibt, machen sie eine kurze Pause. Beide genießen ihren Ausflug sehr.

Dann kommen sie in den Wald. Plötzlich ruft Thomas: „Hier müssen wir abbiegen!", und bleibt stehen. Von ihrem Weg geht ein **schmaler Pfad** nach links.
„Bist du sicher?", fragt Judith langsam. „Hier fährt doch fast nie jemand lang. Das sieht man doch. Ich glaube nicht, dass das richtig ist."

Aber Thomas ist sich ganz sicher. Er stellt sein Fahrrad an einen Baum und geht ein kleines Stück. „Da, schau mal! Hier ist auch unser altes Schild!" Und wirklich. An einem Baum hängt ein dicker **Pfeil**, auf dem in großen Buchstaben steht: Gasthaus zum Seeblick. „Siehst du, unser Gasthaus gibt es immer noch."

Linie mit einer Spitze am einen Ende, um auf etwas zu zeigen

Da ist auch Judith **überzeugt**[10]. Beide nehmen wieder ihre Fahrräder und fahren los. Nun kann es nicht mehr lange dauern, dann sitzen sie wieder auf der Terrasse, essen leckeren Zwetschgenkuchen mit Schlagsahne und schauen über den Bodensee hinüber zu den Gipfeln der Schweizer Alpen.

Der kleine Pfad ist ziemlich **holprig**.

der schmale Pfad

sehr kleiner, nicht breiter Weg

holprig

nicht eben, mit vielen kleinen Steinen, ‚Bergen' und Löchern

8 **steil bergab/bergauf –** stark nach unten/oben
9 **leuchten –** Licht von sich geben
10 **überzeugt –** sicher, weil jemand gute Argumente hatte

der Sonnenschirm

Schirm, um sich vor der Sonne zu schützen

Und Judith kann sich nicht erinnern, dass es zum Gasthaus so steil bergauf geht. Aber Thomas weiß genau, dass sie auf dem richtigen Weg sind. „Gleich sind wir da, nur noch ein paar Meter." Und er hat recht. Hinter der nächsten Baumgruppe sehen sie schon ein Stück vom Gasthaus. Endlich! Sie haben jetzt großen Durst und **geben** etwas **Gas**[11].

Als sie vor dem Gasthaus stehen, **wundert sich**[12] Judith. Hier sieht es aber gar nicht mehr so aus wie bei ihrem letzten Besuch! Die Terrasse ist leer. Keine **Sonnenschirme**, keine Tische und Stühle und auch keine Gäste. Auch Thomas hat es gemerkt: „Ich glaube, hier ist geschlossen." Beide sind sehr **enttäuscht**[13]. Sie stellen ihre Fahrräder an einen Baum neben der Terrasse und beraten, was sie nun machen sollen. „Wir haben doch noch etwas Brot. Lass uns auf der Terrasse ein kleines Picknick machen und dann fahren wir erst wieder zurück. So können wir wenigstens noch ein bisschen die Aussicht genießen", meint Judith.
Also setzen sie sich auf den Boden und packen ihren **Proviant**[14] aus. Als sie gerade essen wollen, hören sie, wie hinter ihnen eine Tür aufgeht. Eine Frau schimpft: „Was machen Sie denn hier? Sie dürfen sich hier nicht einfach so hinsetzen! Das ist doch kein öffentlicher Platz!" Sie ist **offenbar**[15] richtig **wütend**[16]. Doch Judith stört das gar nicht. Sie hat die Frau sofort **erkannt**[17]. Das ist doch Frau Haberkorn, die Wirtin des Gasthauses. Sie steht auf, geht auf die Frau zu und ruft: „Frau Haberkorn. Schön, Sie zu sehen!" **Verwundert**[18] sieht die Wirtin sie an: „Kenne ich Sie?" Da stellen Judith und Thomas sich vor und erzählen Frau Haberkorn von ihrem Ausflug

vor acht Jahren. Dass sie immer wiederkommen wollten und es jetzt erst geschafft haben. Und dass sie sich auf Frau Haberkorns Zwetschgenkuchen gefreut haben. Den besten Kuchen der Welt!

Frau Haberkorn lächelt **stolz**[19], als sie das hört. Seit ihr Mann vor sechs Jahren gestorben ist, sagt sie, musste sie das Gasthaus schließen. Nun lebt sie ganz allein in dem großen Haus. „Zwetschgenkuchen mache ich nicht mehr oft. Ich kann ihn alleine ja gar nicht essen“, sagt sie. „Aber Sie werden es nicht glauben: Gerade heute Morgen hatte ich mal wieder Lust, einen Zwetschgenkuchen zu backen. Darf ich Sie dazu einladen?“ Da sagen Judith und Thomas natürlich nicht Nein!

11 **Gas geben** – schneller fahren
12 **sich wundern** – nicht normal finden
13 **enttäuscht** – traurig, man sagt ‚schade‘
14 **der Proviant** – mitgebrachtes Essen und Trinken für einen Ausflug
15 **offenbar** – wie man sofort sehen kann
16 **wütend** – sauer, böse
17 **jmdn. erkennen** – verstehen, wer jmd. ist
18 **verwundert** – irritiert, weil etwas anders gekommen ist, als man gedacht hat
19 **stolz** – man freut sich darüber, dass man etwas gut gemacht hat

Frau Haberkorns Zwetschgenkuchen-Rezept

Sie brauchen:
180 g Mehl, 80 g Butter, 80 g Zucker, 1/2 **TL Backpulver**, 2 TL **Vanillezucker**, 1 Ei
außerdem:
1/2 kg **Pflaumen/Zwetschgen**, 100 g klein geschnittene Mandeln, 150 g Mehl, 100 g Zucker, 100 g Butter, 1/2 TL **Zimt**

So geht's:
Aus Mehl, Butter, Zucker, Backpulver, Vanillezucker und Ei einen Teig herstellen.
Die Zwetschgen waschen, in der Mitte durchschneiden und die **Steine** rausnehmen. Den Teig in eine Kuchenform legen. Darauf die Zwetschgen und die Mandeln geben.
Aus Mehl, Zucker, Butter und Zimt Streusel herstellen. Diese in kleinen Portionen auf den Kuchen geben.
Den Kuchen in den Backofen stellen und erst 10 Min. bei 200 C° und dann 50 Min. bei 150 C° backen.

der Vanillezucker – Zucker, der mit Vanille gewürzt ist

TL (der Teelöffel = kleiner Löffel); das Backpulver – Mittel, damit ein Kuchen größer wird

der Zimt – Gewürz für Süßspeisen

der Stein – (hier:) Kern einer Frucht

16 EIN WOCHENENDE AUF RÜGEN

etw. (Akk.) **reiben**

über etw. mit den Händen ein bisschen hin und herfahren

Es ist Donnerstagabend. Draußen ist es schon dunkel. Stefan schließt den Computer und **reibt** sich die müden Augen. „Ich kann nicht mehr. Ich will nur noch ins Wochenende." Seine Kollegin Julia, die ihm gegenüber sitzt, meint: „Mir geht es ebenso. Nichts wie raus hier. Am liebsten auf eine Insel. Ganz weit weg."

Stefan lacht: „Stell dir vor: Genau das werde ich am Wochenende machen." Julia schaut ihn **irritiert**[1] an. „Du fährst in Urlaub? Das hast du ja noch gar nicht erzählt. Wohin denn? Und wie lange?" „Nein, nein", erklärt Stefan. Ein Urlaub ist es eigentlich gar nicht. Ich fahre nur übers Wochenende weg. Nach Rügen." Da **wundert sich**[2] Julia nur noch mehr: „Nach Rügen? Jetzt im November? Bei der Kälte?" „Ja, sicher", sagt Stefan. „Gerade jetzt ist es dort **herrlich**[3]. Man geht am Strand spazieren und ist ganz alleine. Wenn der Wind so richtig stark ist, bekommt man den Kopf wieder frei - und neue Energie fürs Büro und den Alltag. Das würde dir sicher auch **guttun**[4]. Warum kommst Du nicht einfach mit?"

Julia **überlegt**[5]. Stefan und sie arbeiten jetzt schon seit fast einem Jahr zusammen und verstehen sich sehr gut. Aber privat haben sie sich noch nie getroffen. Und jetzt soll sie gleich mit ihm übers Wochenende auf eine Insel fahren? Ob das eine gute Idee ist? Aber laut sagt sie: „Hmm. Warum eigentlich nicht? Ich glaube, ich komme mit."

Am Freitagnachmittag fahren sie los. Die Fahrt mit dem Auto dauert ganze sechs Stunden. Erst geht es über die Autobahn, dann über kleinere Straßen und am Ende über eine Brücke auf die Insel. Aber sie haben sich viel zu erzählen und so vergeht die Zeit **wie im Flug**[6].

Vor einem kleinen Haus mit **Reetdach** hält Stefan **schließlich**[7] an. „Hier wohnen wir. Ich hoffe, du brauchst keine Luxus-Suite. Wir haben nämlich nur zwei einfache Privatzimmer. Bad und Toilette sind auf dem Flur. Aber die Baumanns, bei denen wir hier wohnen, sind sehr nett. Ich fühle mich bei ihnen immer richtig zu Hause."

1 **irritiert** – verwirrt, weil man etwas nicht normal findet
2 **sich wundern** – nicht normal finden
3 **herrlich** – wunderbar, toll
4 **jmdm. guttun** – gut für jmdn. sein
5 **überlegen** – etwas länger denken, um eine Lösung zu finden
6 **wie im Flug** – ganz schnell
7 **schließlich** – am Ende (der Reise)

Eine ältere Frau mit einer dicken Brille öffnet die Tür. „Ach, da sind Sie ja endlich! Hatten Sie eine gute Fahrt?" **Ohne eine Antwort abzuwarten**[8], legt sie Julia ihren Arm um die **Schultern**[9] und führt sie ins Haus. „Jetzt kommen Sie erst mal rein. Nach der langen Reise müssen Sie ja großen Hunger haben. Ich habe Ihnen eine leckere Kartoffelsuppe gemacht. Mit Würstchen. Davon wird Ihnen wieder richtig warm."
Stefan hatte recht. Frau Baumann ist wirklich freundlich. Wie schön, dass sie hier ein paar Tage bleiben kann! Und auch Herr Baumann ist sehr sympathisch.
Nach dem Abendessen gehen Julia und Stefan sofort in ihre Zimmer und packen ihre Sachen aus. Als Julia über den Flur ins Bad geht, hört sie Frau Baumann im Wohnzimmer zu ihrem Mann sagen: „Also, das gefällt mir ja, dass der Junge wieder hier ist. Und ein nettes Mädchen hat er dabei. Jetzt können sie zu zweit nach **Hühnergöttern**[10] suchen."
Bitte? Hühnergötter? Kann es sein, dass es hier auf Rügen einen **heidnischen Kult**[11] gibt? Gerne würde sie ins Wohnzimmer gehen und Frau Baumann fragen. Aber sie ist schon im Pyjama und wirklich sehr müde.

In der Nacht hat Julia einen komischen Traum: Sie ist an Händen und Füßen **gefesselt**[12]. Vor ihr brennt ein Feuer. Und darum herum tanzen Menschen zu **Trommelmusik**. Auf der anderen Seite des Feuers steht ein **Totempfahl** in Form eines großen Vogels. Aber was ist das? Der Totempfahl fängt ja an zu tanzen – und das auch noch genau in ihre Richtung! Bald ist er so nah, dass Julia ihn genauer ansehen kann. Das ist doch ein Huhn! Also

der Totempfahl

Skulptur, die aus einem Baum geschnitzt und dann bunt angemalt wird; bekannt vor allem bei den Ureinwohnern Nordamerikas muss das der Hühnergott sein. Vor Julia bleibt der Hühnergott schließlich stehen, die Musik hört auf. Julia wartet nervös, was als Nächstes passiert. Da macht der Hühnergott auf einmal einen langen Hals. Sein spitzer **Schnabel**[13] kommt genau auf sie zu und ... klopft neben ihrem Ohr gegen den Pfahl. Tock-tock-tock. Immer lauter wird das Klopfen.

Mit einem Ruck[14] wird Julia wach. Ein Glück! Das Klopfen kommt gar nicht von dem Hühnergott, sondern von Stefan. Er steht vor ihrer Zimmertür und ruft: „Guten Morgen, Julia, aufstehen! Es gibt Frühstück!"

Gemeinsam mit den Baumanns sitzen Julia und Stefan in der großen Küche, essen in aller Ruhe und reden, bis es fast Mittag ist. Schließlich meint Stefan: „Wenn wir heute noch raus wollen, sollten wir langsam los. In vier Stunden wird es schon wieder dunkel."

Nach nur 10-minütiger Autofahrt hält Stefan schon wieder an. Von ihrem Parkplatz führt eine lange Holztreppe hinunter an den Strand. Als Julia aus dem Auto steigt, fährt ihr sofort ein kalter Wind ins Gesicht.

Sie ist froh, dass sie ihre dicke Winterjacke, Mütze, Schal und warme Handschuhe angezogen hat.

8 **ohne eine Antwort abzuwarten** – einfach weiterreden, ohne dass der andere etwas sagen kann

9 **die Schulter** – oberster Teil des Rückens

10 **der Hühnergott** – (wörtl.:) Gott in Form eines Huhns oder Gott, der sich um die Hühner kümmert

11 **der heidnische Kult** – Traditionen aus der Zeit vor dem Christentum

12 **gefesselt** – jmd. ist mit einem Seil so fest zusammengebunden, dass er sich nicht mehr bewegen kann

13 **der Schnabel** – ‚Mund' eines Vogels

14 **mit einem Ruck** – plötzlich

die Trommelmusik

Musik auf einem lauten Instrument – einem großen Ring mit einer Haut, auf die man mit zwei Stöcken schlägt

Gemeinsam gehen Julia und Stefan den **steinigen** Strand entlang. Auf der linken Seite liegt der **Königsstuhl**, die berühmten **Kreidefelsen** von Rügen.

Auf der rechten Seite **erstreckt sich** das Meer. Alles sieht heute ganz anders aus als auf den Bildern, die die Fotografen sonst immer von Rügen machen. Für die typischen Touristen müssen es ja immer ein blauer Himmel, leuchtend weiße Felsen und grüne Bäume sein. Heute aber ist alles grau in grau. Aber gerade dadurch geht von dieser Landschaft eine tiefe Ruhe aus. Julia fühlt sich froh und frei und **hakt sich bei Stefan unter**. Der bleibt stehen, zeigt auf die Kreidefelsen am Strand und erklärt: „Diese Felsen haben hier schon gelegen, als es auf der Erde noch gar keine Pflanzen und Tiere gab. Nur das Wasser war damals voller Leben. Die toten Pflanzen und Tiere sind auf dem Meeresboden liegen geblieben, das Meer hat sie ans Land gebracht. So sind mit der Zeit diese weißen Wände entstanden." Dann zeigt Stefan auf ein paar kleine Steine zu ihren Füßen.

die Kreidefelsen (Pl.)
große weiße Steine, Sehenswürdigkeit von Rügen

Die Kreidefelsen von Rügen liegen im Nationalpark Jasmund an der Nordostküste. Der größte Felsen ist fast 120 m hoch.

sich erstrecken
(von etwas Großem:) liegen

sich bei jmdm. unterhaken
den eigenen Arm in den Arm eines anderen legen

steinig
voller Steine

das Loch

offene Stelle in einem Material

„Und hier haben wir einen **Hühnergott**."
Julia sieht den kleinen Stein an und lacht. Na, so etwas! Der Hühnergott ist also nichts anderes als ein Stein! Sie muss wieder an ihren Traum denken. Aber davon erzählt sie Stefan lieber nichts!
„Wieso heißt dieser Stein eigentlich Hühnergott?", will Julia wissen. Stefan zeigt ihr ein rundes **Loch** im Stein und erklärt: „Früher haben die Menschen auf Rügen noch an **böse Geister**[15] geglaubt. Wenn sie aber einen dieser Steine an ihr Hühnerhaus gehängt haben, konnten die Geister ihren Tieren nicht mehr gefährlich werden."
„Und du sammelst solche Hühnergötter?", fragt Julia.
„Nein", antwortet Stefan. „Ich nehme sie nur für Freunde mit. Sie sind doch ein schönes **Mitbringsel**[16], findest du nicht? Vielleicht möchtest du diesen Hühnergott ja als Souvenir mitnehmen?"
Julia **schüttelt den Kopf**[17]: „Nein, danke. Aber von den rosa Steinen würde ich wirklich gerne einen mitnehmen. Die finde ich schön."
Da **lächelt**[18] Stefan, sucht mit einer Hand in seiner Jackentasche, holt etwas heraus und hält Julia die geschlossene Hand hin. „Dann habe ich genau das Richtige für dich", sagt er und öffnet die Hand. Julia freut sich: „Ein rosa Stein. Und sieh nur – er hat die Form eines Herzens!"
Da nimmt Stefan Julia in den Arm, gibt ihr einen Kuss auf ihre kalte Nase und lacht. „Genau deshalb schenke ich ihn dir ja."

15 **der böse Geist –** Dämon
16 **das Mitbringsel –** kleines Geschenk, das man aus dem Urlaub mitbringt
17 **den Kopf schütteln –** den Kopf nach links und rechts bewegen, Zeichen für ‚Nein'
18 **lächeln –** ein freundliches Gesicht machen, ohne Ton lachen

Die Insel Rügen

... liegt in der **Ostsee** und ist durch die 4,1 km lange **Rügenbrücke** mit dem Festland verbunden.

Meer in Nordosteuropa, das von der Nordsee und dem Atlantik fast ganz abgeschlossen ist

Rügen hat fast 80.000 Einwohner und ist die größte Insel Deutschlands.

Mit der Fähre kann man von Rügen nach Dänemark, Schweden oder Litauen reisen.

Nicht ganz so lang wie die Rügenbrücke, aber trotzdem sehr bekannt ist die **Seebrücke** von **Sellin**. Sie ist fast 400 Meter lang.

Das **Ostseebad Sellin** war zwischen 1800 und 1900 ein eleganter Kur- und Badeort. Einige **historische** Häuser aus dieser Zeit stehen noch.

historisch

alt, aus früheren Zeiten

Auf Rügen wächst der **Sanddorn**. Die orangefarbene Beere hat viel Vitamin C und wird deshalb auch **Zitrone des Nordens** genannt. Auch auf anderen Inseln an Nord- und Ostsee kann man Sanddornbeeren sammeln.

Sanddorn schmeckt sehr intensiv und etwas sauer. Man kann daraus Säfte, Tees und Marmeladen, aber auch Seife und Öl herstellen.

Eine bekannte Sehenswürdigkeit ist der **Circus** in der Stadt **Putbus**, ein runder Platz mit weißen Häusern im klassizistischen Stil. Wegen dieser Häuser heißt Putbus auch die **weiße Stadt**.

In Putbus kann man in den **Rasenden Roland** steigen, eine historische Dampflokbahn, die es schon seit 1895 auf der Insel gibt. Sie fährt mit maximal 30 km/h!

17 GUDRUN TRINKT NUR TEE

„Schnell, Mama, nimm den Kopf runter! Da kommt die **Spaßbremse**[1]." Aber zu spät. Gudrun hat sie schon gesehen. Durch den engen Bus kommt sie auf Sarah und ihre Mutter Heidi zu und lässt sich auf den Platz hinter ihnen fallen. „Na, so ein **Zufall**[2]!", sagt sie. Das ist ja toll, dass ihr beide heute auch nach Rothenburg fahrt. Da können wir ja zusammen über den **Weihnachtsmarkt** gehen."

Heidi meint freundlich: „Gerne, Gudrun. Wir gehen aber nur ganz kurz auf den **Reiterlesmarkt**. Denn eigentlich fahren wir nach Rothenburg, weil wir in das Kriminalmuseum möchten."

Man sieht gleich, dass das Gudrun nicht besonders gefällt: „Ihr geht in ein Museum, nicht auf den Weihnachtsmarkt? Wieso das denn?"

Heidi erklärt: „Sarah war noch nie in dem Museum. Ich wollte es ihr immer schon zeigen.

der Weihnachtsmarkt

Markt, der in den Wochen vor Weihnachten in vielen Städten Deutschlands stattfindet; hier kann man Weihnachtsspezialitäten essen und kleine Weihnachtsgeschenke oder Dekoratives für die Weihnachtstage kaufen

Manchmal haben die Weihnachtsmärkte spezielle Namen wie hier der **Reiterlesmarkt** in Rothenburg ob der Tauber.

Da passt es gut, dass heute die Busfahrt nach Rothenburg ist. Zuerst frühstücken wir auf dem Weihnachtsmarkt und danach gehen wir ins Museum. Wir interessieren uns vor allem für die **mittelalterlichen**[3] **Folterinstrumente**[4]."

Das kann Gudrun wirklich nicht verstehen: „Wenn ihr meint … Aber das müsst ihr schon alleine machen. Nur frühstücken können wir ja noch zusammen." Damit ist das Gespräch für sie beendet. Sie setzt sich gerade hin und blickt aus dem Fenster.

Nach zwei Stunden Fahrt kommen sie an. Heidi und Sarah spazieren durch die weihnachtliche Altstadt. Eine Reise nach **Rothenburg** ist zu jeder Jahreszeit interessant. Durch die **Stadtmauer**[5] mit den **Türmen**[6] und **Toren**[7] und die vielen alten Häuser und Plätze fühlt man sich immer wie im Mittelalter. Aber in der **Adventszeit** ist Rothenburg besonders schön. Heidi und Sarah gehen an den **Buden**[8] des Weihnachtsmarktes vorbei. Gudrun läuft ohne ein Wort hinter ihnen her.

1 **die Spaßbremse** – (ugs.) jmd., der einem jeden Spaß kaputt macht

2 **der Zufall** – etwas, womit man nicht gerechnet hat, passiert plötzlich

3 **mittelalterlich** – aus dem Mittelalter, Zeit zwischen 500 und 1500

4 **das Folterinstrument** – Gegenstand, der speziell dafür gemacht wurde, dass andere Menschen starke Schmerzen bekommen

5 **die Stadtmauer** – ringförmige Wand um das Zentrum einer Stadt

6 **der Turm** – hoher, dünner Teil einer Stadtmauer; von hier aus kann man gut über das Land um die Stadt sehen

7 **das Tor** – große Tür, durch die auch ein Auto passt

8 **die Bude** – (hier:) sehr kleines Haus mit nur einem Raum, an dem Souvenirs und Snacks verkauft werden

Rothenburg liegt in Süddeutschland und hat eine sehr schön restaurierte Altstadt.

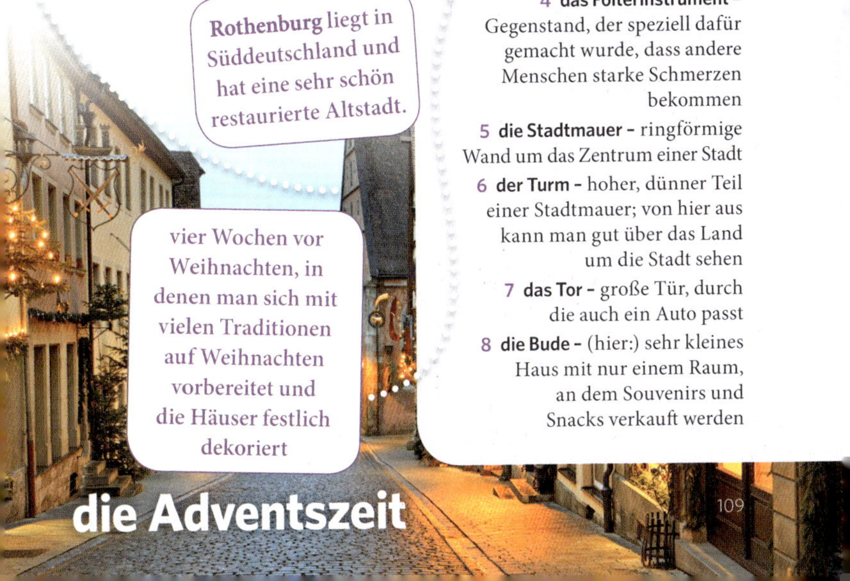

die Adventszeit

vier Wochen vor Weihnachten, in denen man sich mit vielen Traditionen auf Weihnachten vorbereitet und die Häuser festlich dekoriert

der Glühwein

warmer Wein mit Gewürzen, wird aus Rotwein und manchmal auch aus Weißwein gemacht

gebrannte Mandeln (Pl.)

in Zucker karamellisierte Mandeln, typisch für Weihnachtsmärkte

Die Luft ist klar und kalt. Es riecht nach **Glühwein**, **gebrannten Mandeln**, Bratwurst und vielem mehr. An ein paar **Bierbänken**[9] bleibt Heidi stehen: „Ich würde sagen: Hier machen wir unser Weihnachtsmarktfrühstück!" Gudrun schimpft natürlich gleich wieder: „Hier? Im Freien? Auf Bierbänken?" Aber da ihr niemand antwortet, fragt sie etwas freundlicher: „Was ist eigentlich ein Weihnachtsmarktfrühstück?"

Ruhig erklärt Heidi: „Hier, in Rothenburg, besteht es aus **Rothenburger Schneeballen** und weißem Glühwein. Den Rothenburger Spezialitäten auf dem Reiterlesmarkt."

der Rothenburger Schneeballen

süße Backware, Spezialität aus Rothenburg

„Alkohol zum Frühstück? Ohne mich! Aber wenn ihr das braucht .... Ich suche mir lieber etwas anderes. Hier gibt es **bestimmt**[10] auch Kaffee oder Tee." Damit lässt Gudrun die beiden einfach stehen und geht in die andere Richtung davon.

„Ich hätte ihr auch einen alkoholfreien **Punsch**[11] mitgebracht", meint Heidi leise. Aber eigentlich ist sie nicht besonders traurig, dass Gudrun nun ihr eigenes Programm macht.

Gudrun geht von Bude zu Bude. Bald kommt sie an einen Stand mit einem Schild, auf dem in großen Buchstaben „Dezembertee" steht. Gudrun ist glücklich: Tee! Schnell bestellt sie eine Tasse. Denn durch den langen Spaziergang über den Weihnachtsmarkt ist ihr doch ganz schön kalt geworden. Und schon nach dem ersten **Schluck**[12] des heißen Getränks wird ihr gleich ganz warm. Wie Wunderbar! Und lecker ist der Tee außerdem! Langsam trinkt sie die Tasse aus – und bestellt noch eine. Was Gudrun nicht weiß: Dezembertee ist ein Punsch. Ein Punsch, der sehr viel Alkohol **enthält**[13]. Viel mehr als Glühwein. Und Gudrun trinkt sonst nie Alkohol.

Nach ihrem Weihnachtsmarktfrühstück besuchen Heidi und Sarah das Kriminalmuseum und sehen sich dort die verschiedenen Folterinstrumente an. Die Menschen hatten wirklich schreckliche Ideen, wie sie andere Menschen **quälen**[14] konnten. Heidi und Sarah sind froh, dass sie im 21. Jahrhundert leben.

Es ist schon Nachmittag, als sie wieder auf den Weihnachtsmarkt kommen. Beide haben Hunger. Also **beschließen**[15] sie, eine Bratwurst zu essen und dazu einen Glühwein zu trinken. Danach bleibt ihnen bis zur Abfahrt des Busses immer noch eine Stunde Zeit. Langsam wird es dunkel, die Lichter an den Buden gehen an. Genau die richtige Atmosphäre für einen letzten Spaziergang über den Reiter-

9 **die Bierbank** – einfache, lange Bank für viele Personen, die man zusammenlegen kann; typisch für das Oktoberfest und andere große Feste

10 **bestimmt** – ganz sicher, zu 100 %

11 **der Punsch** – warmes Mischgetränk aus Tee, Saft und Gewürzen

12 **der Schluck** – eine Portion von einem Getränk, die in den Mund passt

13 **etw. (Akk.) enthalten** – aus etw. (Dat.) bestehen

14 **jmdn. quälen** – jmdm. Schmerzen ‚geben'

15 **beschließen** – einen festen Plan machen

lesmarkt. Mit gebrannten Mandeln in der Hand gehen sie in Richtung eines Platzes, auf dem eine Band Weihnachtslieder spielt. Als sie näherkommen, hören sie, wie jemand laut und falsch dazu singt. Auf dem Platz stehen so viele Menschen, dass sie gar nichts sehen können. Aber sie hören, wie die Leute vorne lachen. Sarah steigt auf eine Bank, um zu sehen, was da los ist - und bekommt einen **Schreck**[16]. „Mama, komm schnell. Da ist Gudrun!"

Beide **drängeln sich** nach vorne **durch**[17]. Dort tanzt Gudrun im offenen Mantel zu „**Schneeflöckchen, Weißröckchen**[18]" und singt. Ihre Haare, die sonst immer aussehen wie aus der Zeitschrift eines Friseursalons, fliegen ihr um den Kopf. Ihre Augen **leuchten**[19] und ihr Gesicht ist leicht rot. „Die sieht ja richtig gut aus!", findet Sarah.

Da hört die Musik auf, das Lied ist zu Ende. Diese Pause nutzt Gudrun, um sich vor die Menschenmenge zu stellen und zu **lallen**[20]: „K-kennt ihr sch-schon den W-Witz, wo der Lllehrer ..." Weiter kommt sie nicht, denn Heidi und Sarah nehmen sie am Arm und ziehen sie weg.

Sarah meint: „**Mensch**[21], Gudrun, du **bist** ja ganz **betrunken**[22]!" Doch Gudrun **schüttelt** energisch **den Kopf**[23] und lallt: „**B-Blllödsinn**!"[24] Ich - Ich habe n-nur T-Tee getrunken. L-llleckeren Tee. Dezzzzembertee."

16 **der Schreck** - plötzliches, starkes und negatives Gefühl

17 **(sich durch)drängeln** - sich einen Weg durch eine Menschenmenge suchen

18 **"Schneeflöckchen, Weißröckchen"** - bekanntes, deutsches Winterlied

19 **leuchten** - Licht von sich geben

20 **lallen** - undeutlich sprechen, wenn man betrunken ist

21 **Mensch!** - (ugs.) sagt man, wenn man etwas besonders blöd oder toll findet

22 **betrunken sein** - zu viel Alkohol getrunken haben

23 **den Kopf schütteln** - den Kopf nach links und rechts bewegen, Zeichen für ‚Nein'

24 **Blödsinn!** - Das stimmt doch gar nicht! So ein Quatsch!

18 TAUSENDMAL IST NICHTS PASSIERT

Tausendmal ***berührt***[1]
Tausendmal ist nichts passiert
Tausendundeine Nacht
Und es hat – Zoom gemacht

1000 und 1 Nacht ist ein berühmtes Lied, das der deutsche Musiker und Sänger **Klaus Lage** (*1950) 1984 geschrieben hat.

‚Eigentlich mag ich das Lied gar nicht', denkt Miriam, aber heute passt es. Gerade ist sie mit Dominik noch **Autoscooter** gefahren. Und sie war so glücklich! Auch jetzt ist das noch so. Ob es Dominik wohl genauso geht? In aller Ruhe gehen sie zu zweit weiter über das Europavolksfest im Messepark Trier. „Soll ich uns **Zuckerwatte** kaufen?", fragt Dominik. „Gerne", antwortet Miriam. Dominik bestellt und Miriam schreibt kurz eine SMS. Dann warten sie, bis der Mann ihre Portion Zuckerwatte fertig hat.

der Autoscooter

300 – 500 m² große Fahrbahn mit vielen kleinen Elektroautos, typisch für Volksfeste

die Zuckerwatte

Zucker, der in einer Maschine zu Fäden gemacht wird, typische Süßigkeit auf Volksfesten

1 **berühren** – die Hände auf etw. legen

(Pl.) 2 oder mehr Personen, die sich seit der frühen Kindheit kennen

die Sandkastenfreunde

Die beiden sind **Sandkastenfreunde**.
Sie kennen sich seit dem Kindergarten, sind danach zusammen zur Schule gegangen. Fürs **Abitur**[2] haben sie immer zusammen gelernt. Oft hat Miriam bei Dominik oder Dominik bei Miriam übernachtet, wenn ihre Eltern weg mussten. Immer war Dominik für sie wie ein Bruder oder eben ihr bester Freund. Mehr aber auch nicht. Doch jetzt ist alles anders.

Endlich bekommen sie ihre Zuckerwatte. Miriam nimmt beide Portionen in die Hand und Dominik bezahlt. Doch plötzlich ruft Miriam: „Hey, der da hat mein Herz **gestohlen**[3]!"

Sie zeigt auf einen Mann, der gerade am Autoscooter vorbeiläuft. Dominik fühlt einen **Stich**[4] in seinem Herzen. Er denkt: ‚Der Typ hat ihr Herz gestohlen!? Ich bin doch nicht etwa **eifersüchtig**[5]?' Doch dann wird ihm alles klar: Es geht gar nicht um Miriams richtiges Herz, sondern nur um das **Lebkuchenherz**, das er Miriam vor der Fahrt mit dem Autoscooter geschenkt hat.

das Lebkuchenherz

würziges Gebäck aus dunklem Teig in Herzform und mit Ornamenten und Worten wie ‚Ich liebe dich' oder ‚Gruß vom Volksfest' aus buntem Zucker, typische Süßigkeit auf Volksfesten

der Hauptmarkt

die Porta Nigra

Sofort läuft er hinter dem **Dieb**[6] her.

Miriam bleibt mit den beiden Portionen Zuckerwatte auf dem Volksfest zurück und wartet.

‚Ich kann nicht mehr', denkt Dominik. Trotzdem **rennt**[7] er weiter. Zum Glück ist der Dieb nicht ganz so sportlich wie er. Jetzt sind sie an der **Mosel**[8]. Der Mann ist nur noch ein kleines Stück vor ihm. Sie laufen weiter, in die Altstadt von Trier und über den **Hauptmarkt**. Und dann, bei der **Porta Nigra** bleibt der Mann endlich stehen. Das ist Dominiks Chance! Er rennt in vollem Tempo an dem Mann vorbei, **schnappt**[9] sich das Lebkuchenherz und läuft gleich weiter. Erst hinter der nächsten Ecke wird er langsamer und sieht vorsichtig zurück. ‚Geschafft', denkt er. Er ist noch völlig **außer Atem**[10]. Aber er hat das Herz wieder! Dominik setzt sich auf eine Treppe, das Herz liegt auf seinen Knien. ‚Für meine beste Freundin' steht da. Schnell schreibt er eine Nachricht an Miriam: „Habe dein Herz wieder! Kommst du zur Porta Nigra?" 15 Minuten später ist Miriam

2 **das Abitur** - Abschlussprüfung am Gymnasium; mit dem Abitur kann man an der Universität studieren

3 **stehlen** - ohne Erlaubnis nehmen

4 **der Stich** - (hier:) plötzlicher Schmerz

5 **eifersüchtig** - voller Angst, dass eine Person, die man sehr mag, eine andere Person liebt

6 **der Dieb** - Person, die etw. stiehlt

7 **rennen** - schnell laufen

8 **die Mosel** - Fluss in Trier

9 **sich (Dat.) etw. (Akk.) schnappen** - etw. (Akk.) schnell nehmen

10 **außer Atem** - (fast) keine Luft bekommen, weil man sehr schnell und lange gelaufen ist

da. Sie sieht ihn an, **lächelt**[11] und geht auf ihn zu. Dominik hängt ihr das Herz um den Hals. ‚Jetzt muss es passieren. Jetzt muss es doch auch bei ihm Zoom machen', denkt sie. Sie schaut Dominik direkt in die Augen, legt ihren Kopf zur Seite und fährt sich mit der Hand durchs Haar. Er kann gar nicht anders, als sie zu küssen. ‚Endlich', denkt Miriam.

Acht Monate später: Es ist Januar. Der große Tag – ihr großer Tag – ist endlich da. Dominik ist zuerst ganz nervös. Am **Altar** sagt er aber mit fester Stimme: „Ja, ich will."

Dann ist Miriam dran: „Ja, ich will." Sie schaut ihren Dominik wieder an wie unter der Porta Nigra, legt ihren Kopf zur Seite und fährt sich mit der Hand durchs Haar. Dominik küsst sie. Die Hochzeitsgäste **klatschen** oder machen Fotos.

klatschen

die Hände gegeneinander schlagen, applaudieren

Als sie aus der Kirche kommen, fängt es an zu schneien. ‚Eine weiße Traumhochzeit', denkt Dominik. ‚Was für ein Tag!' Er kann gar nicht mehr aufhören zu lächeln und winkt allen Gästen zu. Da sieht er plötzlich ... „Das kann nicht sein. Das ist doch ...", sagt er und schaut Miriam an. „Das ist doch der Typ, der dir das Lebkuchenherz gestohlen hat." „Tja", antwortet seine Frau, „manchmal muss man Männer eben **zu ihrem Glück zwingen**[12]."

Die Band von Miriams Vater spielt. ‚Wie schön', freut sich Miriam. Ihr Vater geht immer wieder zum Mikrofon und singt. Meistens Lieder von Frank Sinatra oder **Roger Cicero**[13]. Dann macht die Band eine Pause. Doch Miriams Vater bleibt

großer Tisch vorne in der Kirche für die Bibel und andere christliche Dinge

am Mikrofon stehen und hält noch eine **Rede**[14]:

„Liebe Hochzeitsgäste. Ich bin froh, dass ihr alle diesen Tag mit uns feiert. Dominik und meine Miriam kennen sich schon sehr lange. Sie haben sich tausendmal berührt. Und tausendmal ist nichts passiert. Doch in der tausenundersten Nacht - da hat es Zoom gemacht. Ich bin kein Freund langer Worte und möchte lieber etwas für Miriam singen."

'Oh nein, auch das noch! Er wird doch nicht etwa „1000 und 1 Nacht singen?', denkt Miriam. Sie mag das Lied wirklich nicht, obwohl es ihr seit dem letzten Volksfest in Trier natürlich viel besser gefällt als früher… Da fängt die Band an zu spielen. Und ihr Vater singt:

11 **lächeln** - ein freundliches Gesicht machen; ohne Ton lachen
12 **jmdn. zu seinem Glück zwingen** - (idiom.) etw. Gutes für eine andere Person tun, weil die Person selbst zu faul oder zu ängstlich dazu ist
13 **Roger Cicero** - deutscher Pop- und Jazzmusiker und Sänger (1970–2016)
14 **die Rede** - Text, den jmd. für ein Fest oder einen anderen besonderen Tag vorbereitet hat und laut vor einem Publikum erzählt
15 **das Leiden** - Schmerz
16 **die Hoffnung** - Subst. zu ‚hoffen', Glaube an eine bessere Zeit
17 **die Zärtlichkeit** - Liebe, die man durch Körperkontakt zeigt

Ich wünsch' dir Liebe ohne ***Leiden***[15]
Und eine Hand, die deine hält
Ich wünsch' dir Liebe ohne Leiden
Und dass dir nie die ***Hoffnung***[16] *fehlt*
Und dass dir deine Träume bleiben
Und wenn du suchst nach ***Zärtlichkeit***[17]
Wünsch' ich dir Liebe ohne Leiden
Und Glück für alle Zeit

Liebe ohne Leiden ist ein berühmtes Lied, das der österreichische Pianist und Sänger **Udo Jürgens** (1934–2014) 1984 geschrieben und zusammen mit seiner Tochter Jenny gesungen hat.

sehr kleiner Staat in Europa (160 km²)

19 DIE GROßE WEITE WELT

Ich bin viel unterwegs. Für meinen Beruf reise ich durch die große weite Welt. Oft fragen die Leute, aus welchem Land ich bin. Ich komme aus **Liechtenstein**. Mein Problem ist nur: Mein Land ist so klein, dass es fast niemand kennt. Doch ich berichte gern von meiner Heimat. Oft zeige ich auf meinem Handy dann eine Karte von Liechtenstein. Und dabei denke ich immer daran, wie meine Mutter mir unser Land zum ersten Mal auf einer Karte gezeigt hat:

„Liechtenstein ist klein. Schau hier, Franz, auf der Karte. Dieser kleine Punkt da in den Alpen, zwischen Österreich und der Schweiz, ist unser Land. Hier gibt es nur die Hauptstadt Vaduz mit ungefähr 5.500 **Einwohnern**[1] und noch 11 andere Orte. Aber nicht alles hier ist klein. Unser **Staatsoberhaupt**[2] zum Beispiel ist ein echter **Fürst**[3], der *Fürst von und zu Liechtenstein,* **Herzog** *von Troppau und Jägerndorf,* **Graf** *zu Rietberg,* **Regierer**[4] *des Hauses von und zu Liechtenstein.* Ganz schön langer Name, oder? Und genauso lang und **beeindruckend**[5] ist auch die Geschichte unseres Landes – und übrigens auch deine eigene Geschichte. Willst du sie hören?"

Liechtenstein hat keinen Flughafen, keinen Hafen, keine Autobahn und auch kein Militär!

Liechtenstein hat auch keine eigene Währung, man benutzt den Schweizer Franken. Offizielle Staatssprache ist **Deutsch.**

Ein eigenes Gefängnis hatte das Land auch lange nicht. Bis 1991 mussten Kriminelle im Keller des Regierungsgebäudes von Liechtenstein sitzen.

Gebäude aus dem späten Mittelalter mit roter Fassade, Sehenswürdigkeit in Vaduz

Wohnort der Fürstenfamilie, Sehenswürdigkeit in Vaduz

Natürlich wollte ich das! Und so hat mir meine Mutter folgende Geschichte erzählt:

„**Eines Tages**[6] ist die große, weite Welt in unser kleines Liechtenstein gekommen. Direkt zu uns. In unser kleines Häuschen mit **Blick**[7] auf das **Rote Haus** und das **Schloss**. Wie immer ist dein Vater auch an diesem Tag zur Arbeit gegangen. Ich hatte frei, da ich zum Arzt musste. Vorher hatte ich aber noch genug Zeit für ein paar Einkäufe. Plötzlich hatte ich so einen **Heißhunger**[8] auf Bananen. Also habe ich im Supermarkt nicht nur Milch, Butter, Brot und so weiter gekauft, sondern auch Bananen. So viele Bananen, dass die Verkäuferin mir gleich eine **Bananenkiste** dazu gegeben hat. Mit einer Banane im Mund und einer Kiste Bananen im Auto bin ich dann nach Hause gefahren. Da habe ich die Kiste in die Küche gestellt und bin schnell zum Arzt gefahren."

1 **der Einwohner -** Person, die in einer Stadt lebt

2 **das Staatsoberhaupt -** wichtigster Politiker in einem Land

3 **der Fürst, der Herzog, der Graf -** Titel für adelige Personen, also Personen mit ‚blauem Blut'

4 **der Regierer -** Staatsoberhaupt

5 **beeindruckend -** toll

6 **Eines Tages ... -** an einem Tag (typischer Anfang für ein Märchen, eine Sage oder Legende)

7 **der Blick -** Panorama, Aussicht

8 **der Heißhunger -** großer Hunger, viel Hunger

Box für den Transport von Bananen

So fängt die Geschichte an. Nicht besonders **spannend**[9], oder?

„Beim Arzt musste ich lange warten. Zum Glück hat mir der Arzt das Untersuchungsergebnis aber wenigstens gleich gegeben. Ein Ergebnis, das unser Leben völlig verändert hat. Ich habe mich gefreut, aber ich wusste wirklich nicht, wie ich es deinem Vater **beibringen**[10] sollte."

Als kleiner Junge habe ich gedacht: Was wollte meine Mutter denn meinem Vater beibringen? Sie ist doch gar keine Lehrerin. Und mein Vater kann ja sowieso fast alles. Erst später habe ich verstanden, dass ‚beibringen' hier einfach nur ‚erzählen' heißt.

„Als ich nach Hause gekommen bin, habe ich den Arztbesuch erst einmal vergessen. Denn dein Vater hat in der Küche gestanden, eine Banane in der Hand, und hat **bewegungslos**[11] die Bananenkiste **angestarrt**[12]. Ich habe natürlich gedacht, er **wundert sich**[13] einfach, dass ich so viele Bananen gekauft habe. Gerade wollte ich es ihm erklären. Da hat dein Vater plötzlich auf die Bananenkiste gezeigt und gerufen: „Eine **Spinne**. Da! In der Kiste!"

Insekt mit acht Beinen

‚Komisch!', habe ich gedacht. Mein Vater hat doch sonst keine Angst vor Spinnen. Also war es bestimmt keine normale Spinne. Und richtig:

„Dann habe ich die Spinne auch gesehen. Sie war größer als alle Spinnen, die du mit deinem Vater bei uns im Garten gefunden hast. Sie hatte viele Haare und sah irgendwie **bedrohlich**[14] aus. Klar war, dass wir das Ding fangen mussten. Aber wie sollten wir das machen? Da ist mir plötzlich

das Angeln

Fangen von Fischen mit einem speziellen Stock (die Angel)

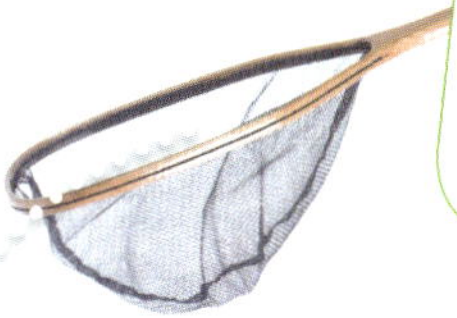

Netz an einem Stock, zum Fangen von Fischen oder Insekten

der **Kescher eingefallen**[15], den dein Vater immer zum **Angeln** benutzt. Also habe ich deinen Vater in den Keller geschickt, um den Kescher zu holen. Ich selbst bin ins Wohnzimmer zum Bücherregal gegangen und habe nach dem Buch mit den **giftigen**[16] Tieren gesucht.

Wieso hat meine Mutter ein Buch geholt? Das kann man doch im Internet nachgucken. Aber dann ist es mir wieder eingefallen: Ach ja, das Internet gab es damals ja noch nicht. Logisch!

„In dem Buch habe ich das Tier schnell gefunden. Da! Das war sie! Sofort habe ich deinen Vater gerufen und ihm **vorgelesen**[17]: „Die Brasilianische Wanderspinne, auch Bananenspinne genannt, kommt manchmal in Bananenkisten auf **Frachtschiffen** nach Europa.

das Frachtschiff

großes Schiff mit Containern, auf dem zum Beispiel Lebensmittel transportiert werden

9 **spannend** – interessant

10 **jmdm. etw. (Akk.) beibringen** – 1. jmdm. zeigen, wie etwas geht; 2. jmdm. etw. (Akk.) Ungewöhnliches oder eine besonders traurige oder tolle Nachricht erzählen

11 **bewegungslos** – ruhig wie eine Statue

12 **etw. (Akk.) anstarren** – etw. (Akk.) lange bewegungslos anschauen

13 **sich wundern** – nicht normal finden

14 **bedrohlich** – gefährlich

15 **jmdm. einfallen** – jmd. erinnert sich

16 **giftig** – mit einem Sekret, an dem man sterben kann; z. B. Spinnen, Skorpione oder Schlangen

17 **jmdm. vorlesen** – laut für eine andere Person lesen

Sie ist aggressiv und sehr giftig. Die meisten tödlichen Unfälle mit Spinnen passieren durch die Brasilianische Wanderspinne."

Nein, wie aufregend! Ein giftiges Tier in unserem Wohnzimmer?! Was meine Eltern dann wohl gemacht haben?

„Als ich das Buch weggelegt habe, hat dein Vater erst einmal gar nichts gesagt. Wie eine Angler-Statue hat er da gestanden, den Kescher in der Hand. Aber allein konnte ich die Spinne nicht fangen. Was sollte ich nur machen?"

Oh Mann, wie spannend!

„Also habe ich deinem Vater gesagt: ‚Jetzt hilf mir doch mal! Mir – und deinem Kind!'"

Häh? Ich war doch noch gar nicht der Welt. Wie sollte mein Vater mir denn da helfen?

„Dein Vater hat mich angesehen und ich habe genau gemerkt: Er hat überhaupt nichts verstanden. Aber dann habe ich meine Hand vorsichtig auf meinen Bauch gelegt. Und plötzlich hat dein Vater es **begriffen**[18]."

Ach so! Dann war ich also schon im Bauch meiner Mama. Hat sie deswegen so viele Bananen gegessen? Als mein Freund Jonas einen kleinen Bruder bekommen sollte, hat seine Mutter jeden Tag **saure Gurken** gegessen, mit Sahne!

in Salzwasser und Kräuter eingelegtes langes, grünes Gemüse

die sauren Gurken (Pl.)

„Auf einmal **ist Bewegung** in deinen Vater **gekommen**[19]. Er hat mir den Kescher gegeben und die Spinne in eine Ecke **gejagt**[20]. Ich habe den Kescher geworfen und – zack – hatten wir sie. Die Spinne! Nun weißt du, wie die große, weite Welt in unser kleines Liechtenstein gekommen ist. Ein halbes Jahr später bist du geboren worden. Genau sechs Monate nach der Spinne bist du in unser kleines Häuschen mit Blick auf das Rote Haus und das Schloss, in unser kleines Land Liechtenstein gekommen."

Bald will ich übrigens wieder mehr Zeit in meiner Heimat verbringen. Meine Frau ist nämlich **schwanger**. Ich freue mich schon sehr auf unser Kind, aber eins habe ich meiner Frau gleich gesagt: „Die Bananen kaufe ich."

18 **begreifen** – verstehen
19 **In jmdn. kommt Bewegung.** – jmd. wird aktiv
20 **etw. (Akk.) jagen** – hinter etw. (Dat.) herlaufen, um es zu fangen oder zu töten

eine Frau hat ein ‚Baby im Bauch'

schwanger

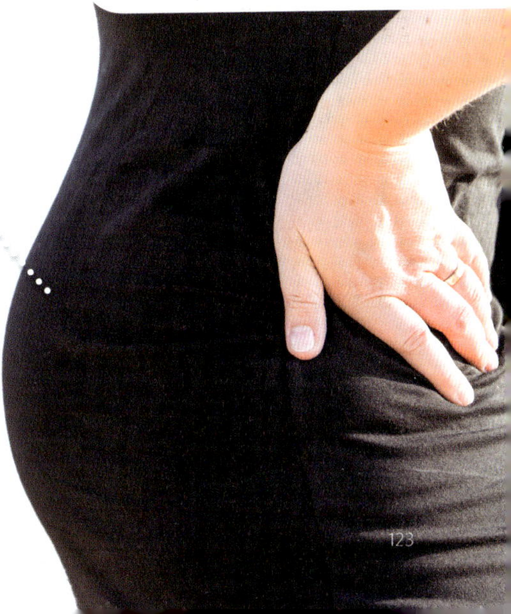

Einen **Schritt**[1] vorwärts. Und einen zurück. ‘Na los, Junge, versuch es noch einmal‘, denkt Marcus. Vorsichtig macht er wieder einen Schritt vorwärts, aber dann sofort zwei Schritte zurück. Marcus **zittert**[2]. Er hat Angst. Angst wie noch nie.

Zwei Monate vorher saß Marcus mit seinen Freunden zusammen. Sie fahren immer **gemeinsam**[3] in den Urlaub, so auch dieses Jahr. Doch wohin sollte es gehen?

„Wie wäre es mal mit einer Städtereise? Vielleicht nach Lissabon?“, fragte Johanna. Das meinst du doch nicht wirklich, oder!?“, antwortete Marcus, „Städtereisen sind doch total langweilig. Und eigentlich nur etwas für Frauen – Shoppen und so!“ Laura **schlug** eine Reise nach Finnland **vor**[4], an einen der vielen Seen. Wohnen könnten sie in einem kleinen **Holz**haus mit **Sauna** im Wald, direkt am Wasser.

Aber auch das gefiel Marcus nicht: „Die Seen sind zu nass, im Wald ist es zu kalt und in der Sauna zu heiß.“

„Also, ich finde ja die **Nordsee** toll“, meinte Andreas. „Sonne, Strand und viel Schlaf.“ „Du und deine Nordsee. Für Familien mit Kindern ist das ja okay. Aber für uns?“, sagte Marcus. Und so ging das noch ein paar Stunden weiter.

Meer zwischen Großbritannien und Deutschland

Marcus' Hände schließen sich ganz fest ums **Geländer**. Der Wind ist doch ganz schön stark. Das hatte er erst gar nicht gemerkt. Doch jetzt fängt die Brücke an zu **schwanken**[5]. Zuerst nur ein bisschen, dann immer mehr. Der Wind ist eigentlich ziemlich kalt. Trotzdem **schwitzt** Marcus. Seine Arme und Hände sind schon ganz nass, sogar von seiner Nase **tropft** der **Schweiß**. ‚Nicht nach unten schauen. Nur nicht nach unten schauen...‘

Sie diskutierten und diskutierten. Bei wirklich jedem Ziel sah Marcus Probleme. Immer wieder stand er auf. Das half jedes Mal, denn er war ja fast zwei Meter groß. Die anderen schlugen dann gleich das nächste Reiseziel vor.

der Körper produziert salziges Wasser, wenn es heiß ist oder wenn man Sport macht

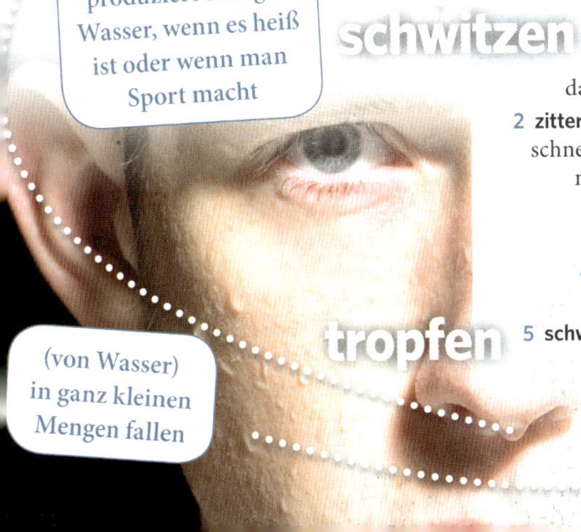

(von Wasser) in ganz kleinen Mengen fallen

salziges Wasser des Körpers

1 **der Schritt (einen Schritt machen)** – einen Fuß vor den anderen stellen und dadurch ca. 50 – 80 cm gehen
2 **zittern** – mit dem ganzen Körper schnelle und kleine Bewegungen machen, weil es kalt ist oder weil man Angst hat
3 **gemeinsam** – zusammen
4 **vorschlagen** – als Projekt/mögliche Reise vorstellen
5 **schwanken** – hin- und hergehen

Doch dann stellte sich die kleine Marie mit ihren 1,55 m direkt vor ihn hin, sah ihn ruhig an und erklärte: „Dann schlag du doch was vor!" Marcus stand mit offenem Mund da und sagte erst einmal nichts. Doch dann hatte er eine Idee: „Wir sollten zum Wandern in die Schweiz fahren, nach **Zermatt**. Dort gibt es schöne Wanderwege. Ich habe vom **Europaweg** mit der längsten **Hängebrücke** der Welt gelesen. Aber ich weiß nicht, ob das für die Damen nicht doch zu viel oder zu gefährlich ist."

Alle waren schon etwas sauer, doch diese Idee gefiel endlich jedem von ihnen. Und so **einigten** sie **sich**[6] auf Wandern in der Schweiz.

Das **Panorama** von der Brücke ist fantastisch. Wenn Marcus nur nicht so eine Angst hätte, könnte es richtig schön sein. Doch so ... Panisch schaut er nach oben, nach links und nach rechts. - Und immer wieder auch nach unten. Ihm wird **schwindelig**[7]. Marcus **stolpert**[8] und fällt ...

Dann ging es durch den Wald nach oben in die Berge. Irgendwann standen sie dann vor der Brücke. „Wow!“, rief Laura. „Und ich habe meinen Fotoapparat vergessen.“ „Macht doch nichts“, sagte Marie. „Nachher haben wir ganz sicher genug Fotos.“ Und so war es auch: Jeder hatte sein Smartphone oder seinen Fotoapparat in der Hand und machte ein Bild nach dem anderen. Was für ein Panorama!

An den ersten beiden Tagen machten die Freunde leichtere Touren. Für Marcus zu leicht: Regelmäßig beschwerte er sich: „Können wir nicht mal etwas Spannendes machen?“ Oder: „Ich will jetzt aber mal auf einen richtigen Berg.“

Den dritten Tag hatten sie für den Europaweg reserviert. Am Anfang war es noch ganz einfach. Und natürlich kamen gleich wieder Kommentare von Marcus: „Nichts für harte Männer.“

Nach der Pause gingen sie der Reihe nach auf die Brücke. Karsten ging als Erster. Er hatte beste Laune, redete die ganze Zeit und fing dann an, rechts und links am Geländer zu **wackeln**[9]. „Hey“, rief Vanessa. „Lass das mal. Ich muss schon sagen, dass ich doch ein bisschen **Höhenangst**[10] habe.“ Nur Marcus sagte nichts. Er hatte es gar nicht eilig, auf die Brücke zu kommen. Doch jetzt waren schon alle anderen auf der Brücke. Gerade ging auch Marie los. Also musste er wohl hinterher.

6 **sich auf etw. (Akk.) einigen** – nach einer Diskussion eine gemeinsame Lösung finden
7 **jmdm. wird schwindelig** – jmd. bekommt ein unsicheres Gefühl, weil er z. B. sehr schnell in einem kleinen Kreis läuft oder Karussell fährt
8 **stolpern** – unsicher gehen und (fast) fallen
9 **an etw. (Dat.) wackeln** – etw. (Akk.) hin- und herbewegen
10 **die Höhenangst** – Angst, die man z. B. hat, wenn man auf hohen Türmen steht und nach unten sieht

Die Freunde hatten jede Menge Spaß, machten Fotos, zeigten auf die Vögel über ihnen und schauten viele, viele Meter nach unten. Nur zurück schauten sie nicht. So merkte niemand, dass Marcus stehenblieb. Einer nach dem anderen kamen die Freunde am Ende der Brücke an. Nur Marcus fehlte. Und Marie ...

Marcus fällt ... genau in die Arme der kleinen Marie. „Mann, bist du aber schwer", beschwert sie sich, lächelt aber dabei.

„Komm, ich bringe dich auf die andere Seite." Sie nimmt Marcus' Hand und zieht ihn mit sich. Der Rest der Gruppe hat gar nichts **mitbekommen**[11]. Als sie die nächste Pause machen, fragt Stefan in die Runde: „Und? Hattet ihr Angst? Jetzt mal ehrlich." Marcus **lehnt sich**[12] an eine **Felswand**[13] und meint: „Nö. So schlimm war es doch gar nicht."

11 **mitbekommen** – (ugs.) merken

12 **sich an etw. (Akk.) lehnen** – seinen Rücken oder seine Schulter gegen etw. (Akk.) legen

13 **die Felswand** – Wand aus Stein an einem Berg